Aage Salling

Lær at tale dansk

Aage Salling

Lær at tale dansk
Ny revideret udgave

Tegninger af Arne Hilding-Petersen

Aage Salling

Lær at tale dansk
Ny revideret udgave

Tegninger af Arne Hilding-Petersen

grafisk

Laer at Tale Dansk

Copyright© 1978 Grafisk Forlag A/S
All rights reserved.

No part of this publication may be reproduced, stored in a
 retrieval system, or transmitted, in any form or by any means,
electronic, mechanical, photocopying, recording, or otherwise,
without the prior written permission of the publisher.

ISBN: 0-88432-149-5 Text and cassettes
       1-57970-171-X Text and cds
       0-88432-530-X Text only

This printing produced by AudioForum, One Orchard Park Road,
Madison, CT 06443
www.audioforum.com

Printed in the United States of America

FORORD

LÆR AT TALE DANSK er en lærebog i dansk talesprog efter den direkte metode. Der er ved udarbejdelsen lagt særlig vægt på at skabe et levende stof til en undervisningssituation, men bogen kan også bruges til selvstudium.

Bogen er bygget efter principper, som er gængse i den moderne sprogundervisning. Det er blevet klart for folk, som arbejder med sprogundervisning, at sprogfærdighed i højere grad afhænger af færdighed i anvendelse af sprogets strukturer end af teoretisk kendskab til disse, og at indøvelsen af strukturerne bør foregå i et begrænset, men hensigtsmæssigt ordforråd. Man vil i overensstemmelse hermed finde grammatikken anbragt sidst i bogen. Den skulle kunne læses, når den studerende har været igennem alle de praktiske øvelser, men det må frarådes enhver at anvende den før de senere stadier af undervisningen. Selve fremstillingen bygger i høj grad på *Dansk Grammatik* af *Niels Nielsen* (Gleerup 1950), hvem jeg hermed bringer min bedste tak.

Bogens ordforråd er valgt mellem sprogets almindeligste ord på grundlag af *Noesgaards: De nødvendigste danske ord* (Gyldendal 1940). Det samlede ordforråd er ca. 1100 ord foruden nogle grammatiske termer og ca. 100 egennavne. Dette antal er valgt, fordi forsøgene med bogen har vist, at udenlandske elever på dette grundlag kan gå i gang med bearbejdede eller lette tekster under lærerens vejledning.

Der er ikke nogen lydskrift i bogen. I en tid, hvor en båndoptager kan bringe sproget ind i stuen til den studerende i en korrekt form, kan det ikke være rimeligt at anvende et indlæringsapparat, som knapt er tilfredsstillende for en trænet fonetiker.

Bogen har været afprøvet ved sprogkurser under Scandinavian Seminar, American Field Service og Danske Folkehøjskolers Sprog- og orienteringskursus. Lærerne ved disse kurser bl.a. *Rolf Dahl* og mag.art. *Christopher Maaløe* bringer jeg min bedste tak for levende interesse og nyttig kritik. En speciel tak til højskolelærer *Jørgen Gammelgård* for en gennemarbejdning af ordkontrollen, samt til sekretær *Jørgen-Bent Kistorp* for en aldrig svigtende interesse for bogens tilblivelse.

Aage Salling

FORORD TIL 3. UDGAVE

Man kunne være fristet til at tro, at en modernisering af ordforrådet i en bog vil være en let sag, men det er ikke tilfældet, når man arbejder med de 1100 almindeligste ord i sproget. Ændringer i ordforrådet kommer først imellem de 3000 almindeligste ord. Det er altså ikke mange, det har været muligt at ændre her i bogen.

I denne udgave er der indsat nogle nye læsestykker og øvelser, og nogle af 2. udgaves er udeladt. Hermed er visse læreres ønsker forhåbentlig i nogen grad imødekommet. Endvidere er ordlisten nu dansk/engelsk/tysk/spansk, hvilket skulle øge dens anvendelighed. Endelig skal det fremhæves, at der til denne udgave foreligger lydbånd med teksterne indtalt.

Må jeg benytte lejligheden til at sige tak for gode råd, især til dr. *Jørn Jessen* i Kiel.

Til sidst en tak for et tilskud fra tipsmidlerne.

December 1977   *Aage Salling*

1. *Stykke et*

København er en by. Danmark er et land.
Oslo er en by. Norge er et land.
Stockholm er en by. Sverige er et land.

Er København en by? Ja, København er en by.
Er Norge et land? Ja, Norge er et land.

Er Stockholm et land? Nej, Stockholm er ikke et land. Stockholm er en by.

Er Norge en by? Nej, Norge er ikke en by. Norge er et land. Et land er ikke en by.

Er Danmark en by? Nej, Danmark er ikke en by, men København er en by.

Er Stockholm et land? Nej, Stockholm er ikke et land, men Sverige er et land.

 København er en ____. Danmark er et ____.
Oslo er ____ by. Norge er ____ land.
Er København en by? Ja, København ____ en by.
Er Sverige et land? ____, Sverige er et land.
Er Norge en by? ____, Norge er et land.
Er København et land? Nej, København er ____ et land, ____ en by.
Er Stockholm et land? Nej, Stockholm er ikke ____ land, men ____ by.
Et land er ____ en by. En by er ____ et land.

| Er | København Danmark Oslo Norge Stockholm Sverige | en et | by land | ? | Ja, Nej, | København Danmark Oslo Norge Stockholm Sverige | er er ikke | en et | by. land. |

side, stykke, et, København, er, en, by, Danmark, land, Oslo, Norge, Stockholm, Sverige, ja, nej, ikke, men, syv, ny, ord.

? spørgsmål;   **!** svar

2. Stykke to

Er København et land? Nej, København er ikke et land.
Hvad er København? København er en by.
Hvad er Oslo? Oslo er også en by.

Er Danmark en by? Nej, Danmark er ikke en by.
Hvad er Danmark? Danmark er et land.
Hvad er Sverige? Sverige er også et land.

Er København et land? Nej, København er ___ et land.
___ *er København?* København er en by.
___ *er Norge?* Norge er et land.
___ *er Sverige?* Sverige er ___ et land.
Oslo er en by; hvad er Stockholm? Stockholm er ___ en by.
Danmark er et land; hvad er Sverige? Sverige er ___ et land.

| Hvad er | Danmark København Oslo Sverige Norge Stockholm | ? | Danmark København Oslo Sverige Norge Stockholm | er | en et | ___ . |

to, hvad, også, otte.

8   *side otte*

3. Stykke tre

Hvad er København? København er en by i Danmark.
Hvad er Danmark? Danmark er et land i Europa.

Hvad er USA? USA er et land i Amerika.
Hvad er Mexico? Mexico er også et land i Amerika.

Hvad er Ghana? Ghana er et land i Afrika.
Hvad er Nigeria? Nigeria er også et land i Afrika.

Er Japan et land i Afrika? Nej, Japan er ikke et land i Afrika. Det er et land i Asien.

Hvad er Pakistan? Det er også et land i Asien.

 København er en by ___ Danmark. Danmark er et land ___ Europa.
USA er et land i ___. Mexico er et land ___ Amerika.
Ghana er et land i ___. Nigeria er ___ et land i Afrika.
Er Japan et land i ___? Nej, det er et land i Asien.
Hvad er Pakistan? ___ er et land i Asien.

Er	Japan Mexico USA Danmark Ghana Norge Nigeria Sverige	et en	land by	i	Europa Amerika Afrika Asien	?

Ja, Nej,	Japan Mexico USA Danmark Ghana Norge Nigeria Sverige det	er er ikke	en et	by land	i	Europa. Amerika. Afrika. Asien.

tre, Europa, USA, Mexico, Amerika, Ghana, Nigeria, Afrika, Asien, Pakistan, i, fem, seks, det, ni.

4. Stykke fire

København ligger i Danmark. *Hvor ligger København?*
– København ligger i Danmark.
Hvor ligger Danmark?
– Danmark ligger i Europa.
Hvor ligger Sverige?
– Sverige ligger også i Europa.

Ligger Norge i Amerika?
– Nej, Norge ligger ikke i Amerika,
det ligger i Europa, men Mexico ligger i Amerika.
Ligger USA også i Amerika?
– Ja, USA ligger også i Amerika.

Hvor ligger Ghana?
– Det ligger i Afrika.
Nigeria ligger også i Afrika, men Japan ligger i Asien.

Ligger Pakistan i Asien?
– Ja, det ligger i Asien.

Oslo ligger i Norge. Stockholm ligger i Sverige.
Norge og Sverige og Danmark ligger i Europa.
USA og Mexico ligger i Amerika.
Ghana og Nigeria ligger i Afrika.
Japan og Pakistan ligger i Asien.

___ *ligger København?* København ___ i Danmark.
Hvor ___ *Danmark?* Det ligger i Europa.
Sverige ___ i Europa, men USA ligger i ___.
___ *ligger Ghana?* Det ligger i Afrika.
___ *Pakistan i Asien?* Ja, det ligger i Asien.
Ghana ___ Nigeria ligger i ___.
Japan ___ Pakistan ligger i ___.

Hvor ligger	København Oslo Ghana Mexico Japan Stockholm	?	Det ligger i	Europa. Danmark. Asien. Afrika. Amerika. Sverige.

Ligger	Danmark Sverige USA Ghana Japan Oslo Stockholm	i	Europa Amerika Afrika Asien Norge Sverige	?

 fire, ligger, hvor, og, ti, elleve.

5. Stykke fem

Hr. Hansen er en mand. Fru Hansen er en kvinde. Torben er en dreng. Lise er en pige.

Hvad er hr. Hansen? Hr. Hansen er en mand. *Er fru Hansen en mand?* Nej, fru Hansen er en kvinde.

Hvad er Torben? Han er en dreng. *Er Lise en dreng?* Nej, Lise er ikke en dreng, hun er en pige.

side elleve 11

Torben og Lise er børn. Torben er et barn, og Lise er et barn. En dreng og en pige er to børn.

Er hr. Hansen og fru Hansen børn? Nej, de er ikke børn. De er voksne. Hr. Hansen er en mand, og fru Hansen er en kvinde. En mand og en kvinde er to voksne. Voksne er ikke børn.

Hr. Hansen er en ___. Fru Hansen er en ___.
Torben er en ___. Lise er en ___.
Hvad er hr. Hansen? ___ er en mand.
Hvad er fru Hansen? ___ er en kvinde.
Er fru Hansen ___ mand? Nej, fru Hansen er ___ kvinde.
Er Torben en pige? Nej, han er ___ dreng.
Er Lise en dreng? Nej, ___ er en pige.
En pige er ikke ___ dreng. En dreng er ikke ___ pige.
Torben og Lise er to ___. Torben er et ___, og Lise er et ___.
Er en mand ___ barn? Nej, en mand er ikke et barn.
Er en kvinde et barn? Nej, en kvinde er ikke ___ barn.
En mand og en kvinde er to ___.
___ er ikke børn, og børn er ikke ___.
Er hr. og fru Hansen børn? Nej, ___ er ikke børn, ___ er voksne.

| Hvad er | hr. Hansen
fru Hansen
Torben
Lise
han
hun
de
hr. og fru Hansen | ? | | Hr. Hansen
Fru Hansen
Torben
Lise
Han
Hun
De | er
er ikke | børn.
voksne.
en mand.
en kvinde.
et barn. |

| Er | hr. Hansen
fru Hansen
Torben
Lise
han
hun
de
hr. og fru Hansen | ikke
også | en mand
en kvinde
en dreng
en pige
et barn
børn
voksne | ? |

hr., fru, Hansen, Torben, Lise, han, hun, mand, kvinde, barn, børn, de, voksne, pige, dreng, tolv.

6. Stykke seks

Torben og Lise er hr. Hansens børn. De er også fru Hansens børn, for fru Hansen er hr. Hansens kone, og hr. Hansen er fru Hansens mand.
Torben og Lise er hr. og fru Hansens børn.

Hr. Hansen er Torbens far, og han er også Lises far.
Fru Hansen er Torbens mor, og hun er også Lises mor.
Hr. og fru Hansen er Torbens og Lises forældre; en far og en mor er to forældre.

Torben er hr. Hansens søn. Lise er hans datter, og fru Hansen er hans kone.

Torben er også fru Hansens søn. Lise er hendes datter, og hr. Hansen er hendes mand.

Hr. Hansen er Torbens far. Fru Hansen er hans mor, og Lise er hans søster.
Fru Hansen er Lises mor. Hr. Hansen er hendes far, og Torben er hendes broder.

Torben og Lise er broder og søster; de er søskende. En broder og en søster er to søskende.

Hr. Hansen, fru Hansen, Torben og Lise er en familie.
Hvem er Torben? Han er Lises broder.
Hvem er Lise? Hun er Torbens søster.
Hvem er Torbens og Lises mor? Det er fru Hansen.
Hvem er Torbens og Lises far? Det er hr. Hansen.

Familien Hansen bor i et hus. Huset ligger i København.
Hvem er manden i huset? Det er hr. Hansen.
Hvem er konen i huset? Det er fru hansen.
Hvem er sønnen i huset? Det er Torben.
Hvem er datteren i huset? Det er Lise.

Hr. Hansen Fru Hansen Torben Lise	er	hr. Hansens fru Hansens Torbens Lises	kone. mand. søn. datter. søster. broder. mor. far.

Hr. Hansen Fru Hansen Torben Lise	er en	mand, dreng, kvinde, pige,	og	hr. Hansen fru Hansen Torben Lise	er	hans hendes	kone. mand. søn. datter. søster. broder. mor. far.

side tretten 13

Hr. Hansen er en mand, og fru Hansen er hans ___.
Hr. Hansen er en mand, og Torben er hans ___.
Fru Hansen er ___ ___, og hr. Hansen er hendes ___.
Torben er fru Hansens ___, og Lise er også hendes ___.

Torben og Lise er hr. ___ børn. ___ er også fru Hansens ___.
Fru Hansen er hr. Hansens ___. Hr. Hansen er fru Hansens ___.
Fru Hansen er Torbens ___, og hun er også Lises ___.
Hr. Hansen er Lises ___, og han er også ___ far.
Hr. og fru Hansen er de to børns ___.
En ___ og en mor er to forældre.
Torben er hr. Hansens ___. Lise er hr. Hansens ___.
Lise er også fru Hansens ___, og Torben er ___ søn.
Lise er Torbens ___. Torben er Lises ___.
De er ___. En broder og en søster er to ___.
Hr. Hansen, fru Hansen, Torben og Lise er en ___.
___ er Torben? Han er hr. Hansens ___.
___ er Lise? Hun er hr. og fru Hansens ___.
Hvem er manden i huset? Det er ___ ___.
Familien ___ i et hus. Huset ___ i København.
Hvem bor i huset? ___ bor i huset.
Hvem er datteren i ___? Det er Lise.
Hvor bor familien? Den bor i ___.

		hr. Hansen fru Hansen hr. og fru Hansen Torben Lise Torben og Lise hans søn hendes datter. hans kone hendes mand hans søster hendes broder hans forældre søskende de	
Hvad Hvem	er		?

tretten, fjorten, for, kone, far, mor, broder, søster, forældre, søn, datter, søskende, familie, hus, hans, hendes, den, hvem, bor.

14 *side fjorten*

7. Stykke syv

A

Hvad er nummer et?   Det er en mand med en bil.
Hvad er nummer to?   Det er en kone med en hat.
Hvad er nummer tre?   Det er en dreng med en hund.
Hvad er nummer fire?   Det er en pige med en kat.
Hvad er nummer fem?   Det er en mand og en kone med et barn.
Hvad er nummer seks?   Det er en dreng og en pige med et skib.

B

Hvad har manden?   Manden har en bil.
Hvad har konen?   Konen har en hat.
Hvad har drengen?   Drengen har en hund.
Hvad har pigen?   Pigen har en kat.
Hvad har manden og konen?   Manden og konen har et barn.
Hvad har drengen og pigen?   Drengen og pigen har et skib.

C

Hvis er bilen i nummer et?   Det er mandens.
Hvis er hatten i nummer to?   Det er konens.
Hvis er hunden i nummer tre?   Det er drengens.
Hvis er katten i nummer fire?   Det er pigens.
Hvis er barnet i nummer fem?   Det er mandens og konens.
Hvis er skibet i nummer seks?   Det er drengens og pigens.

side femten

D

Hvem er manden i nummer et? Det er manden med bilen.
Hvem er konen i nummer to? Det er konen med hatten.
Hvem er drengen i nummer tre? Det er drengen med hunden.
Hvem er pigen i nummer fire? Det er pigen med katten.
Hvem er manden og konen i nummer fem? Det er manden og konen med barnet.
Hvem er drengen og pigen i nummer seks? Det er drengen og pigen med skibet.

E

Hvem har en bil? Det har manden i nummer et.
Hvem har en hat? Det har konen i nummer to.
Hvem har en hund? Det har drengen i nummer tre.
Hvem har en kat? Det har pigen i nummer fire.
Hvem har et barn? Det har manden og konen i nummer fem.
Hvem har et skib? Det har drengen og pigen i nummer seks.

F

Er bilen mandens? Ja, den er hans.
Er hatten konens? Ja, den er hendes.
Er hunden drengens? Ja, den er hans.
Er katten pigens? Ja, den er hendes.
Er barnet mandens og konens? Ja, det er deres.
Er skibet drengens og pigens? Ja, det er deres.

 har, en bil, en hat, en hund, en kat, et skib, hvis, et nummer, med, deres, femten, seksten.

8. Stykke otte

Hvem er han?   Det er hr. Smith.

Hr. Isono:
Hvem er han?
Hvem er De?
Hvor er De fra?
Hvor bor De?

Hr. Hansen:
Det er hr. Smith.
Jeg er hr. Hansen.
Jeg er fra Danmark.
Jeg bor i København.
Hvem er De?
Hvor er De fra?
Hvor bor De?

16 *side seksten*

Hr. Karanja:
Jeg er hr. Karanja.
Jeg er fra Nigeria.
Jeg bor i Lagos.
Hvem er De?
Hvor er De fra?
Hvor bor De?

Fru Isono:
Jeg er fru Isono.
Jeg er fra Japan.
Jeg bor i Tokio.
Hvem er De?
Hvor er De fra?
Hvor bor De?

Hr. Olivera:
Jeg er hr. Olivera.
Jeg er fra Mexico.
Jeg bor i Vera Cruz.
Hvem er De?
Hvor er De fra?
Hvor bor De?

Hr. Smith:
Jeg er hr. Smith.
Jeg er fra USA.
Jeg bor i New York.
Hvem er De?
Hvor er De fra?
Hvor bor De?

Fru Olivera:
Jeg er fru Olivera.
Jeg er fra Mexico.
Jeg bor i Vera Cruz.
Hvem er De?
Hvor er De fra?
Hvor bor De?

 De, jeg, Smith, Olivera, Isono, Karanja, Lagos, Tokio, New York, Vera Cruz, fra, sytten.

9. Stykke ni

Hvor er hunden? Er den i bilen? – Ja, den er.

Hvor er hunden? Er den i sengen? – Nej, den er ikke.
Den er i bilen.

Hvor er katten? Er den i skibet? – Ja, den er.

Hvor er katten? Er den i hatten? – Nej, den er ikke. Den er i skibet.

Hvor er manden? Er han i huset? – Ja, han er.

Hvor er manden? Er han i sengen? – Nej, han er ikke. Han er i huset.

Hvor er barnet? Er det i hatten? – Ja, det er.

Hvor er barnet? Er det i bilen? – Nej, det er ikke. Det er i hatten.

Hvor er skibet? Er det i sengen? – Ja, det er.

Hvor er skibet? Er det i huset? – Nej, det er ikke. Det er i sengen.

Hvor er sengen? Er den i hatten? – Ja, den er.

Hvor er sengen? Er den i huset? – Nej, den er ikke. Den er i hatten.

 en seng, atten.

10. Stykke ti

En dreng og en pige er to børn. En og en er to.
To børn og et barn er tre børn. To og en er tre.
To børn og to børn er fire børn. To og to er fire.

Tre børn og to børn er fem børn. Tre og to er fem.
To børn og to kvinder og to mænd er
seks mennesker. To og to og to er seks.
Fire mænd og to kvinder er seks mennesker. Fire og to er seks.

Hvor mange er to børn og to børn? Det er fire børn.
Hvor mange er fem mænd og en kvinde? Det er seks mennesker.
*Hvor mange er fem mennesker og et
menneske?* Det er seks mennesker.

Hvor mange er to katte og tre katte? Det er fem katte.
Hvor mange er tre hunde og fire hunde? Det er syv hunde.

Hvor mange er to katte og tre hunde? Det er fem dyr.
Hvor mange er en far og en mor? Det er to forældre.
Hvor mange forældre har et barn? Det har to forældre.

Hr. Olivera har en kone.
Hr. Hansen har en kone.
Hvor mange koner har de to mænd?
Hvor mange mænd har de to koner?

Hvad er fire og fire?   Det er otte.
Hvad er fire og fem?   Det er ni.

1 en	**11** elleve
2 to	**12** tolv
3 tre	**13** tretten
4 fire	**14** fjorten
5 fem	**15** femten
6 seks	**16** seksten
7 syv	**17** sytten
8 otte	**18** atten
9 ni	**19** nitten
10 ti	**20** tyve

Hvad er	to og to tre og tre elleve og fire syv og ni fjorten og fire tretten og syv	?

En dreng og en pige er to ____.
En hund og en kat er to ____.
En far og en mor er to ____.
En broder og en søster er to ____.
Hvor ____ forældre har et barn? Et barn har ____ forældre.
Fem og ____ er ti. Seks og ____ er femten.
To katte og ____ hunde er tyve dyr.
Fem kvinder og ____ mænd er otte mennesker.

nitten, tyve, et menneske, mennesker, mænd, dyr, mange.

20   *side tyve*

11. Stykke elleve

Familien Hansen bor i København. *Bor der mange mennesker i København?* Ja, for København er en stor by. Der bor en million mennesker i København.
Hvad er en stor by? Det er en by med mange huse og mange mennesker. *Hvor mange mennesker bor der i New York?* Der bor ti millioner mennesker i New York. *Hvor mange mennesker bor der i Danmark?* Der bor fem millioner mennesker.

Hvor mange børn er der i familien Hansen? Der er to børn. *Hvor mange voksne er der i familien Hansen?* Der er to voksne. Hr. Hansen er voksen. og fru Hansen er voksen, men Torben og Lise er børn.

I familien Olivera er der også to voksne, hr. Olivera og fru Olivera. Der er tre børn i familien Olivera. Familien bor i Vera Cruz, men hr. og fru Olivera er i København.

Der er to børn i familien Hansen, og der er tre børn i familien Olivera. *Hvor mange børn er der i de to familier? Hvor mange voksne er der i de to familier?*

Hvor er der en stor by? Hvor er der mange mennesker?

side enogtyve 21

	en –	et –	–en	–et	mange –	mange –e	mange –e(r)
mand barn menneske hund skib kat bil hus familie dyr seng by pige dreng kone	en bil	et hus	pigen	dyret		drenge	børn byer

Familien Olivera ___ i København, men den ___ i Vera Cruz.
Familien Hansen ___ i København. Der er to ___ og to børn i familien.
Der bor ___ millioner mennesker i Danmark.
Der bor ti ___ mennesker i New York.
___ mange mennesker bor der i København?
Bor ___ mange mennesker i Sverige?
Der er to ___ og to ___ i familien Hansen.

enogtyve, toogtyve, der, stor, million, en voksen, to voksne, halv.

12. Stykke tolv

Hvad er navnet på hunden?
Den hedder Karo.
Hvis er hunden?
Den er Torbens.

Hvad er navnet på katten?
Den hedder Mis
Hvis er katten?
Den er Lises

Hvad er navnet på skibet?
Det hedder »Maria«
Hvis er skibet?
Det er hr. Oliveras.

Drengens navn er Torben, men hans navn er også Hansen. Han har to navne. Han hedder Torben Hansen.

Pigens navn er Lise, men det er også Hansen. Hun har to navne. Hun hedder Lise Hansen.

Hvad hedder Torbens og Lises far? Han hedder Viggo Hansen.

Hvad hedder Torbens og Lises mor? Hun hedder Karla Hansen.

Hvor mange navne har Torben og hans søster og deres forældre?

Torben har to navne, og hans søster har to navne. Deres forældre har også to navne. De to børn hedder Torben og Lise, og de to voksne hedder Viggo og Karla. Hansen er deres familienavn.

Hvad hedder	drengen pigen skibet hunden katten manden fra Mexico manden fra USA hr. Smiths kone pigens mor	?	Hvad er	skibets drengens kattens familiens mandens hundens datterens	navn	?

Hvad er navnet på	pigens mor hunden skibet manden fra Mexico manden fra Japan byen byen i Mexico hr. Oliveras skib	?

side treogtyve 23

Hunden ___ Karo. Katten ___ Mis.
Hvad er ___ på hunden? Den ___ Karo.
Hvad er navnet ___ katten? ___ hedder Mis.
Torben har to ___. Han ___ Torben, men han ___ også Hansen.
Torbens ___ er Hansen.
Hvad ___ Torbens søster? ___ hedder Lise.
Hvad hedder de to ___ i familien? ___ hedder Viggo og Karla.
Manden ___ to navne. Konen har også to ___.
Hvad hedder De? ___ hedder ___.

et navn, navnet, navne, på, Karo, Mis, Maria, hedder, John, treogtyve, fireogtyve, Karla, Viggo.

13. Stykke tretten

Mandag er en dag. Det er søndag også. Mandag, tirsdag, onsdag, torsdag, fredag, lørdag og søndag er syv dage. Syv dage er en uge.

Den første dag i ugen er mandag. Tirsdag er den anden dag i ugen. Onsdag er den tredje dag i ugen. Torsdag er den fjerde dag i ugen. Fredag er den femte dag i ugen. Lørdag er den sjette dag i ugen. Søndag er den syvende dag i ugen.

Mandag er den første dag i ugen, søndag er den sidste dag. Mandag er dagen efter søndag. Onsdag er dagen efter tirsdag og dagen før torsdag. Tirsdag kommer efter mandag, mandag kommer efter søndag, søndag kommer efter lørdag.

Fredag kommer før lørdag, torsdag kommer før fredag, onsdag kommer før torsdag, og tirsdag kommer før onsdag.

Hvor mange dage er der før torsdag? Der er tre.

Hvor mange dage kommer der efter tirsdag? Der kommer fem.

Torsdag er midten af ugen.

Hvor mange søndage er der i en uge? Der er én.

Der er syv dage i en uge, og to uger er fjorten dage. Tre uger er enogtyve dage.

Hvilken dag kommer før mandag?	Det gør søndag.
Hvilken dag kommer efter mandag?	Det gør tirsdag.
Hvilken dag er den første i ugen?	Det er mandag.
Hvilken dag er den sidste i ugen?	Det er søndag.
Hvilken dag er midten af ugen?	Det er torsdag.
Kommer søndag før mandag?	Ja, den gør.
Kommer torsdag efter fredag?	Nej, det gør den ikke.

Mandag ___, onsdag, ___, ___, ___ og søndag er ugens syv dage.
Mandag er ugens ___ dag, og søndag er ugens ___ dag.
Torsdag er ___ af ugen.
Mandag ___ efter søndag. Tirsdag kommer ___ mandag.
___ dag kommer efter tirsdag? Det gør onsdag.
Hvilken dag kommer før lørdag? Det ___ fredag.
Hvilken dag er midten ___ ugen? Det er torsdag.
Søndag er den ___ dag, mandag er den ___ dag i ugen.
Tirsdag er den ___ dag i ugen, onsdag er den ___ dag i ugen.
Torsdag er den ___ dag i ugen, fredag er den ___ dag i ugen.
Hvilken dag er den sidste i ugen? ___ er søndag.
Hvilken dag kommer før søndag? Det ___ lørdag.
Hvor mange dage er der i en uge?

Hvor mange dage er to uger?
Hvor mange dage er tre uger?
Hvor mange dage er der i en uge?
Kommer torsdag før fredag?
Kommer lørdag før søndag?
Kommer tirsdag efter mandag?
Kommer onsdag efter torsdag?

søndag, mandag, tirsdag, onsdag, torsdag, fredag, lørdag, uge, uger, første, anden, tredje, fjerde, femte, sjette, syvende, sidste, dag, dage, af, midten, kommer, gør, hvilken, før, efter, femogtyve.

side femogtyve

14. Stykke fjorten

Januar er en måned. Februar er også en måned. Januar er den første måned. Februar er den anden måned. Den tredje måned er marts. Den fjerde måned er april. Den femte måned er maj. Den sjette måned er juni. Den syvende måned er juli. Den ottende måned er august. Den niende måned er september. Den tiende måned er oktober. Den ellevte måned er november. Den tolvte måned er december. December er også den sidste måned i året. Året har tolv måneder.

Hvor mange dage har en måned?
Januar, marts, maj, juli, august, oktober og december har enogtredive dage. April, juni, september og november har tredive dage. *Hvor mange dage har februar?* Februar har kun otteogtyve dage.

Hvilke måneder har enogtredive dage?
Hvilke måneder har tredive dage?
Hvilken måned har otteogtyve dage?

Kommer april efter maj? Nej, den gør ikke, den kommer før maj.
Kommer august før juli? Nej, den gør ikke, den kommer efter juli.

Den tolvte maj bliver Torben tolv år. Den dag er det hans fødselsdag. *Hvor gammel er Lise?* Hun er ti år gammel. Det er hendes fødselsdag den femte august. Den dag bliver hun elleve år.

Hr. Hansen bliver enogfyrre (41) den tiende juli, og fru Hansen bliver niogtredive (39) den trettende oktober.

Hvornår er det Torbens fødselsdag?
Hvornår er det Lises fødselsdag?

Hvornår er det Deres fødselsdag? Jeg har fødselsdag den første januar.

Hvornår er det Deres kones fødselsdag? Hun har fødselsdag den tredje marts.

26 *side seksogtyve*

Hvem har fødselsdag i september?
Hvem har fødselsdag i juni?
Hvem er tyve år gammel?
Hvem er femogtyve år gammel?

Bliver Torben tolv år den tolvte maj? Ja, han gør.

Den første januar er den første dag i året. Den enogtredivte december er den sidste dag i året.

Et ___ har tolv måneder. Den ___ måned er januar, december er den ___.
___ kommer efter februar. ___ kommer efter marts.
___ kommer efter juni. ___ kommer før august.
Hvor mange måneder har enogtredive dage? Det har ___ måneder.
Hvor mange måneder har tredive ___? Det har ___ måneder.
Hvor ___ er Torben? Han er tolv ___.
Han har ___ den tolvte maj. Lise har ___ den femte august.
Hr. Hansen ___ enogfyrre den ___ juli.
Fru Hansen ___ niogtredive den ___ oktober.
Hvor ___ er Torbens far? Hvor ___ er Torbens mor?
Hvor mange uger ___ en måned? Den har ___ uger.

januar, februar, marts, april, maj, juni, juli, august, september, oktober, november, december, måned, måneder, seksogtyve, syvogtyve, otteogtyve, niogtyve, tredive, enogtredive, ottende, niende, tiende, ellevte, tolvte, trettende, enogfyrre, niogtredive, hvilken, hvilke, bliver, gammel, fødselsdag, hvornår, Deres, enogtredivte, år.

15. Stykke femten

A er et bogstav. B er et bogstav. C, D, E, F og G er bogstaver. A er et stort bogstav, a er et lille bogstav. A og B er store bogstaver, a og b er små bogstaver.

A, B, C, D, E, F, G, H, I, J, K, L, M, N, O, P, Q, R, S, T, U, V, X, Y, Z, Æ, Ø, Å er de store bogstaver.

a, b, c, d, e, f, g, h, i, j, k, l, m, n, o, p, q, r, s, t, u, v, x, y, z, æ, ø, å er de små bogstaver.

Der er 28 bogstaver i det danske alfabet.

Hvor mange store og små bogstaver er der i navnet Torben Hansen?
Der er to store bogstaver og 10 små bogstaver.
Stav navnet: Stort T, o, r, b, e, n, stort H, a, n, s, e, n.
Stav januar: j, a, n, u, a, r.
Stav søndag: s, ø, n, d, a, g.

side syvogtyve 27

ER 26 820 er et bilnummer: ER seksogtyve otte hundrede og tyve.
Et dansk bilnummer har to bogstaver og fem tal.

39 13 11 er et telefonnummer: niogtredive, tretten, elleve.

Hvilke bogstaver og tal er der i dette bilnummer?

Der er et D og et X, et total, et femtal, et total, et tretal og et femtal. DX femogtyve, to hundrede og femogtredive.

 Har De en bil? Hvilket nummer har den?
Har De en telefon? Hvilket nummer har den?
Hvad er Deres telefonnummer?
Hvor mange telefoner har jeg?
Hvor mange numre har en telefon?
Hvor mange bogstaver er der i ALFABET?
Hvor mange bogstaver er der i det danske alfabet?

 bogstav, bogstaver, lille, små, dansk, alfabet, stav, bilnummer, telefon, telefonnummer, tal, total, femtal, tretal, hundrede.

16. Stykke seksten

Er dette et ur? – Nej, det er ikke et ur – det er en urskive.
Hvor mange tal er der på urskiven? – Der er tolv tal.

Dette er et ur. Det har en skive med tolv tal og to visere, en stor viser og en lille viser.

Den store viser står på 12, og den lille viser står på 3. Klokken er 3.

Hvad er klokken, når den store viser står på 12, og den lille viser står på 7? Den er 7.

Hvad er klokken, når den store viser står på 12, og den lille viser står på 11? Den er 11.

Hvad er klokken, når den store viser står på 6, og den lille viser står mellem 1 og 2? Den er halv to.

Hvad er klokken, når den store viser står på 6, og den lille viser står mellem 11 og 12? Den er halv tolv.

Hvad er klokken, når den store viser står på 3, og den lille viser står mellem 6 og 7? Den er et kvarter over 6.

side niogtyve

Hvad er klokken, når den store viser står på 9, og den lille viser står mellem 3 og 4? Den er et kvarter i 4.

Et kvarter er 15 minutter. 30 minutter er en halv time. En time er tres (60) minutter. Der er 4 kvarter i en time.

Hvad er klokken, når den store viser står på 2, og den lille viser står mellem 8 og 9? Den er 10 minutter over 8.

Hvad er klokken, når den store viser står på 11, og den lille viser står mellem 11 og 12? Den er 5 minutter i 12.

Hvad er klokken, når den store viser står på 5, og den lille viser står mellem 9 og 10? Den er 5 minutter i halv 10.

Hvad er klokken, når den store viser står på 7, og den lille viser står mellem 2 og 3? Den er 5 minutter over halv 3.

Hvor mange visere har dette ur?
– Det har tre visere, en stor viser, en lille viser og en sekundviser.
Hvad gør den lille viser? – Den viser timerne.
Hvad gør den store viser? – Den viser minutterne.
Hvad gør sekundviseren? – Den viser sekunderne.

Kl. 1.05	= 1 nul 5	= 5 minutter over 1.
Kl. 11.27	= elleve syvogtyve	= 3 minutter i halv tolv.
Kl. 7.33	= syv treogtredive	= 3 minutter over halv otte.
Kl. 9.37	= ni syvogtredive	= treogtyve minutter i 10.
Kl. 14.15	= fjorten femten	= et kvarter over 2.
Kl. 22.33	= toogtyve treogtredive	= 3 minutter over halv 11.

 dette, ur, urskive, viser, står, klokken, mellem, over, minut, minutter, time, timer, timen, timerne, sekund, sekunder, sekundet, sekunderne, sekundviser, kvarter, tres, når, nul, tredive.

17. Stykke sytten

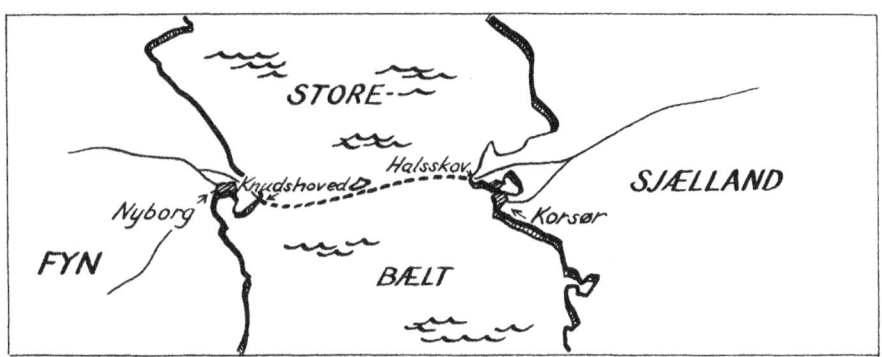

En færge er et stort skib. Dette er en færge. Den hedder Halsskov. Den sejler fra Knudshoved til Halsskov på 50 minutter. Halsskov ligger ved Korsør, og Knudshoved ligger ved Nyborg. Korsør og Nyborg er byer. Færgen har tre hundrede biler med. når den sejler. *Sejler der kun én færge mellem Knudshoved og Halsskov?* Nej, der sejler mange færger.

11/3 = den ellevte marts = ellevte i tredje.
10/4 = den tiende april = tiende i fjerde.
14/3 = den ___ = ___
3/2 = den ___ = ___
11/12 = den ___ = ___
9/10 = den ___ = ___

side enogtredive

Halsskov-Knudshoved   sejlplan

sejltid ca 50 minutter
Fra Halsskov   mødetid 15 minutter
26/9—18/12

b0.45	†1.20	b1.50	b2.55	⚔4.00	b5.15		a	Fr og †		e	⚔ undtagen Lø, dog 16/10 og
⚔6.30	d7.05	7.45	⚔8.20	9.00	c9.35		b	⚔ undtagen Lø			23/10
							c	Ma samt 15/10, 16/10, 22/10		f	daglig undtagen Lø
10.15▲	h10.50	11.30	e12.05	12.45▲	13.20			og 23/10		g	† samt 15/10 og 22/10
14.00▲	k14.35	15.15▲	15.50	16.30▲	f17.05		d	Ma samt 16/10 og 23/10		h	⚔ samt 17/10 og 24/10
										k	daglig undtagen Lø, dog 16/10
17.45▲	f18.20	19.00▲	f19.35	20.15▲	a20.50						og 23/10
21.30▲	g22.05	22.35	†23.10	f23.40							

Knudshoved-Halsskov   sejlplan

sejltid ca 50 minutter
Fra Knudshoved   mødetid 15 minutter
26/9—18/12

⚔0.45	a1.50	f2.55	a4.00	⚔5.15	⚔6.30		a	⚔ undtagen Lø		g	Fr og †
a7.05	7.45	b8.20	9.00	⚔9.35	10.15		b	Ma samt 16/10 og 23/10		h	daglig undtagen Fr og Lø
							c	Ma samt 15/10, 16/10, 22/10		k	⚔ samt 17/10 og 24/10
c10.50	11.30▲	k12.05	12.45	d13.20	14.00▲			og 23/10		n	daglig undtagen Lø, dog 16/10
14.35	15.15▲	n15.50	16.30▲	17.05	17.45▲		d	⚔ undtagen Lø, dog 16/10			og 23/10
								og 23/10		p	daglig undtagen Fr
f18.20	19.00▲	f19.35	20.15▲	g20.50	21.30▲		e	† samt 15/10 og 22/10			
h22.05	f22.35▲	e23.10	p23.40				f	daglig undtagen Lø			

Hvad hedder færgen? Hvor sejler den fra? Hvor sejler den til?
Hvor mange minutter sejler den?
Hvor liger Halsskov? Hvor ligger Knudshoved?
Hvad er Nyborg? Hvad er Korsør?
Hvad er en færge? Hvor mange biler har færgen med?
Hvornår er færgen i Halsskov, når den sejler fra Knudshoved kl. 9.00?
Hvornår er den i Knudshoved, når den sejler fra Halsskov kl. 7.45?
Sejler færgen fra Halsskov kl. 11.30?
Sejler færgen fra Knudshoved fredag kl. 23.40?
Sejler færgen fra Knudshoved kl. 17.05 mandag, tirsdag og lørdag?
Sejler færgen fra Halsskov søndag kl. 8.20?
Sejler færgen fra Halsskov søndag kl. 18.20?
Sejler færgen fra Knudshoved alle dage kl. 17.05?
Hvad er en hverdag?

Knudshoved, Halsskov, kun, hverdag, til, færge, Korsør, Nyborg, sejler, ved, enogtredive.

18. Stykke atten

Kl. 12 er det dag. Kl. 24 er det nat.
Hvad er en dag og en nat? Det er et døgn. Et døgn er 24 timer.
To dage og to nætter er to døgn.

Det er middag kl. 12. Det er midnat kl. 24.

Det er formiddag før kl. 12, og det er eftermiddag efter kl. 12. Det er morgen før formiddagen, og det er aften efter eftermiddagen. Det er nat efter aftenen, og det er nat før morgenen.

Hvor mange timer er dagen, når natten er 12 timer? Den er også tolv timer.
Hvor mange timer er dagen, når natten er 6 timer? Den er 18 timer.

En dag på 18 timer er en lang dag, og en nat på 6 timer er en kort nat.
Hvor lang er natten, når dagen er 8 timer? Den er 16 timer.
Hvor lang er dagen, når natten er 14 timer? Den er 10 timer.

Er en nat på 17 timer en lang nat? Ja, den er.
Er en dag på 17 timer en lang dag? Ja, den er.
Er en dag på 6 timer kort? Ja, den er.
Er en nat på 14 timer kort? Nej, den er ikke, den er lang.

Det er sommer, når dagene er lange. Det er vinter, når dagene er korte. Om sommeren er dagene lange og nætterne korte. Om vinteren er dagene korte og nætterne lange.

Hvornår er det vinter? Det er vinter i december, januar og februar.
Hvornår er det sommer? Det er sommer i juni, juli og august.
Hvad er det i marts, april og maj? Det er forår.
Hvad er det i september, oktober og november? Det er efterår.

Foråret kommer mellem vinteren og sommeren. Efteråret kommer mellem sommeren og vinteren.

Forår, sommer, efterår og vinter er de fire årstider. Foråret er en årstid, og sommeren er en årstid. Alle årstider er tre måneder. Et år er lang tid. En time er kort tid.

Et år har tre hundrede og femogtres (365) dage.

Det er dag i Japan, når det er nat i Danmark.
Det er nat i Amerika, når det er dag i Europa.
Det er vinter i Australien, når
det er sommer i Danmark.
Det er sommer i Australien når
det er vinter i Danmark.

Det er dag, når solen skinner.
Det er nat, når solen ikke skinner.
Dagen er lys, natten er mørk.

Et ___ er 24 timer. En dag og en nat er et ___.
Kl. 12 er det ___. Kl. 24 er det ___.
Det er ___ efter kl. 12, og det er ___ efter eftermiddagen.
Det er ___ før kl. 12, og det er ___ før formiddagen.
En dag på 18 timer er en ___ dag, og en dag på 6 timer er en ___ dag.
Hvor ___ er dagen, når natten er 9 timer? Den er 15 timer.
Det er ___, når dagene er lange. Det er ___, når dagene er korte.
___ sommeren er dagene lange, og ___ vinteren er dagene korte.
Om sommeren er dagene lange og ___ korte.
Om vinteren er dagene korte og ___ lange.
Det er ___ i januar. Det er ___ i marts, april og maj.
Det er ___ i september, oktober og november.
Foråret kommer ___ vinteren og ___ sommeren.
___ kommer mellem sommeren og vinteren.
Foråret er en ___.
Forår, sommer, efterår og vinter er de fire ___.
En time er kort ___. Et år er ___ tid.
Vinteren er en ___ tid. Sommeren er en ___ tid.
Det er dag, når solen ___. Det er nat, når solen ikke ___.
Om sommeren er der ___ nætter i Danmark.
Dagen er ___, natten er ___.

	en, et	–en, -et	mange –e, –(e)r, –	alle –ene, –(e)rne
navn	et navn			
søndag				
hverdag				
uge	en uge	ugen	uger	ugerne
måned				
år				
dag				
bogstav				bogstaverne
alfabet			alfabeter	
bil				
telefon				
viser		viseren		viserne
skive			skiver	
ur	et ur			
sekund	et sekund			
minut				
kvarter				kvartererne
time				
færge				
nat				
døgn				døgnene
morgen				
sommer		sommeren	somre	somrene
vinter			vintre	
nummer				numrene
tid			tider	

| | | den ___ | |
	en ___	et ___	det ___	de ___
stor	en ___ by	et stort ur	den store by	de ___ byer
			det ___ ur	de ___ ure
lille	en ___ mand	et lille hus	den ___ mand	......
			det ___ hus	......
små	......	......	......	de ___ mænd
				de ___ huse
dansk	en ___ sommer	et ___ skib	den ___ sommer	de ___ somre
			det ___ skib	de ___ skibe
kort	en ___ tid	et ___ navn	den ___ tid	de ___ tider
			det ___ navn	de ___ navne
lang	en ___ måned	et ___ år	den ___ måned	de ___ måneder
			det ___ år	de ___ år
lys	en ___ nat	et ___ forår	den ___ nat	de ___ nætter
			det ___ forår	de ___ forår
mørk	en ___ nat	et ___ hus	den ___ nat	de ___ nætter
			det ___ hus	de ___ huse

døgn, middag, midnat, formiddag, eftermiddag, morgen, aften, nat, nætter, lang, kort, sommer, vinter, forår, efterår, årstid, tid, Australien, solen, skinner, lys, mørk, alle, om, fyrre.

19. Stykke nitten

Lille er det modsatte af stor.
Kort er det modsatte af ___.
Lys er det modsatte af ___.
Dag er det modsatte af ___.
Voksen er det modsatte af ___.
Store er det modsatte af ___.
Sommer er det modsatte af ___.
Efterår er det modsatte af ___.
Formiddag er det modsatte af ___.
Aften er det modsatte af ___.
Middag er det modsatte af ___.
Fra er det modsatte af ___.
Først er det modsatte af ___.

modsat.

20. Stykke tyve

Hvad er dette?

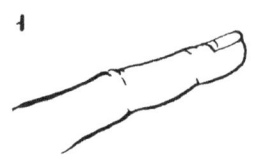

1. Det er en finger.

2. Det er fem fingre på en hånd.

3. Det er en arm med en hånd med fem fingre på.

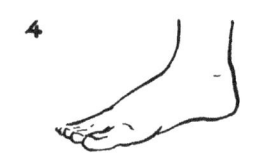

4. Det er en fod med fem tæer på.

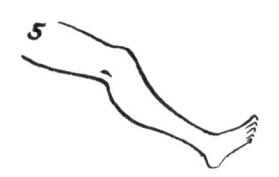

5. Det er et ben med en fod med fem tæer på.

6. Det er et ansigt med to øjne, en næse og en mund.

7. Det er et hoved med to ører og et ansigt.

8 Det er et hoved på en hals på en krop.

9 Det er en krop med to arme, to ben og et hoved på en hals; det er et menneske.

| **?** **!** | Hvad sidder | *fingrene armene fødderne benene halsen hovedet ørerne* | på? | Den Det De | sidder på | hænderne. benene. halsen. kroppen. hovedet. armene. |

| **?** **!** | Hvor sidder | *øjnene næsen munden foden benet armen fingeren ansigtet* | ? | Den Det De | sidder | i på | ansigtet. hånden. hovedet. benet. kroppen. |

| **?** | Hvor mange | *øjne ører næser munde ben fødder arme kroppe ansigter* | har | en et to | menneske(r) mand/mænd kvinde(r) pige(r) dreng(e) | ? |

37

Ø

Et menneske har et hoved med to ____ og et ansigt.
Ansigtet har to ____, en næse og en ____.
Hovedet sidder på ____, og halsen ____ på kroppen.
Hånden har fem ____. Hånden sidder på ____.
Et menneske har to ____ og to ben.
Fødderne sidder på ____. På foden er der fem ____.
Hvor mange fingre har et menneske? Det har 10 ____.
Hvad sidder mellem øjnene? Det gør ____.
Hvad er der mellem ørerne? Der er ____.
Hvad er der mellem hovedet og kroppen? Der er ____.
Har Torben øjne i hovedet? Ja, han ____.
Har han fingeren i næsen? Nej, han har ____.

nye ord finger, hånd, arm, fod – fødder, ben, tå – tæer, ansigt, øje – øjne, øre – ører, næse, mund, hoved, hals, krop, sidder.

21. Stykke enogtyve

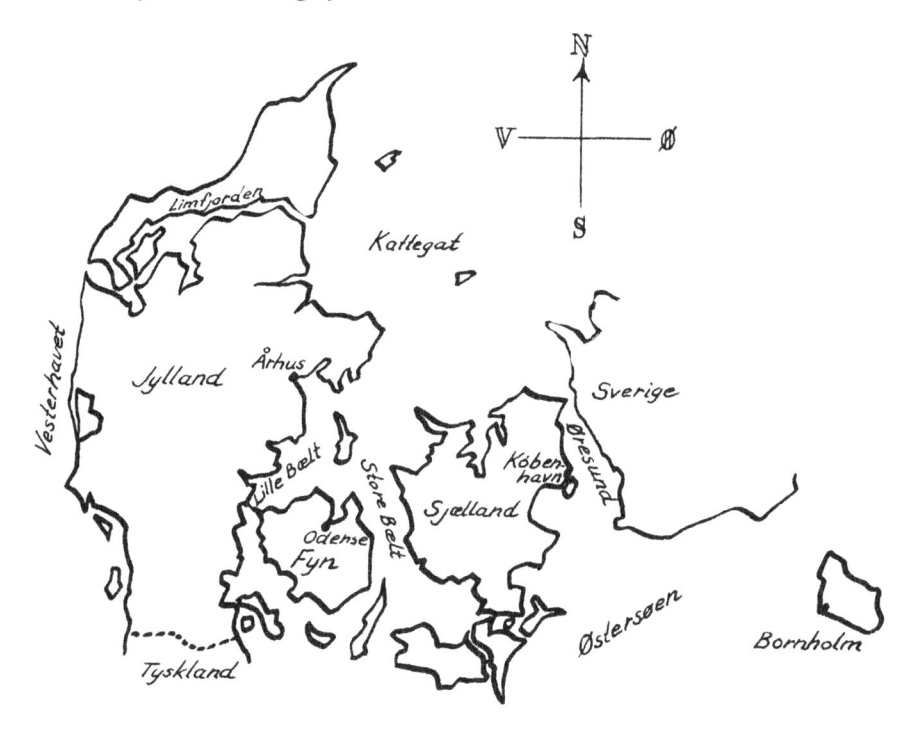

Dette er et kort. Det har fire sider. De fire sider på et kort er nord, syd, øst og vest. Kortet har øst til højre og vest til venstre. Nord er op, og syd er ned.

Dette kort viser Danmark. Det er et danmarkskort.

Danmark ligger i havet. Det viser kortet. Havet vest for Danmark hedder Vesterhavet. Mellem Danmark og Sverige ligger Kattegat. Mellem Danmark og Tyskland ligger Østersøen.

Sjælland har hav til alle sider. Sjælland er en ø. København ligger på Sjælland. Mellem Sjælland og Sverige ligger Øresund.

Fyn er også en ø. Mellem Sjælland og Fyn ligger Storebælt. Mellem Fyn og Jylland ligger Lillebælt. Mellem Jylland og Tyskland er der ikke hav. Jylland er ikke en ø, men kun en halvø.

Øresund, Storebælt og Lillebælt er bælter eller sunde. Der er mange bælter og sunde mellem Danmarks øer. Mange store skibe sejler gennem Danmarks bælter og sunde fra Vesterhavet til Østersøen – til Sverige, Tyskland, Finland, Polen og Sovjetunionen. Sverige, Finland og Sovjetunionen ligger øst for Danmark. Tyskland ligger syd for Danmark. Norge ligger nord for Danmark.

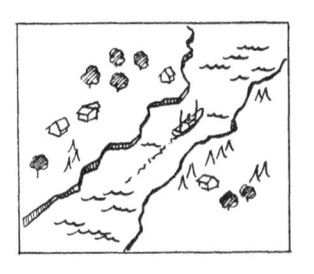

Til venstre er der et kort over et bælt eller et sund.

Til højre er der et kort over en fjord.

Der er mange fjorde i Danmark.

Et bælt eller et sund er åbent. En fjord er lukket. Mange danske byer ligger ved en fjord. Holbæk ligger ved Isefjorden. Ålborg ligger ved Limfjorden. Landet nord for Limfjorden hedder Vendsyssel mod øst og Thy mod vest. Landet syd for Limfjorden hedder Himmerland. Vest for Fyn ligger Sønderjylland. I Østersøen syd for Sverige ligger øen Bornholm.

39

Mellem Fyn og Jylland er der to broer. Den gamle og den nye lillebæltsbro.
På den nye kører der kun biler. Over den gamle kan der både køre biler og tog.
Skibe sejler under dem begge.

Der er mange broer over Limfjorden, og der er en bro over Storstrømmen mellem Sjælland og Falster. Der er mange broer i Danmark.

Ø
På et kort er øst til ____ og vest til ____. Nord er op, og syd er ____.
Et kort over Danmark er et ____.
Danmark ligger i ____. Det har ____ til alle sider.
Havet vest for Danmark hedder ____.
Kattegat ligger ____ Danmark og Sverige.
____ ligger mellem Danmark og Tyskland.
Tyskland ligger ____ for Danmark. Sverige ligger ____ for Danmark.
Sjælland er en ø; det er Fyn også. En ø har ____ til alle sider.
Jylland er ikke en ø, men kun en ____.
Øresund er et ____. Det ligger ____ Sjælland og Sverige.
Storebælt er et ____. Det ligger mellem Sjælland og ____.
Lillebælt er også et ____. Det ligger mellem Fyn og ____.
Mellem Danmarks mange øer er der mange bælter ____ sunde.
Et sund er ____, men en fjord er lukket.
Mange byer ligger ____ en fjord.
Holbæk ligger ved ____. ____ ligger ved Limfjorden.
Vendsyssel og Thy ligger ____ for Limfjorden.
Himmerland ligger ____ for Limfjorden.
Sønderjylland ligger ____ for Fyn.
Biler kører over ____, når de kører mellem Fyn og Jylland.
Der er mange ____ over Limfjorden.
Der er en bro over ____ mellem Sjælland og Falster.
Bornholm ligger ____ Østersøen syd ____ Sverige.

?

Hvad ligger	nord syd øst vest	for	Danmark Jylland Sjælland Fyn Limfjorden Sverige Storebælt Lillebælt Østersøen Vesterhavet Kattegat	?

?
HVAD ER –?
en ø? – en halvø? – et bælt? – en fjord? – det modsatte af øst? – det modsatte af venstre? – det modsatte af op? – det modsatte af under?

40

Ø Brug disse ord: **på, i, gennem, over, under, med, ved, mellem.**

København ligger ____ Sjælland. Sjælland ligger ____ havet.
Skibet sejler ____ Øresund. Holbæk ligger ____ Isefjorden.
Toget kører ____ broen. Der er mange broer ____ Limfjorden.
Hånden sidder ____ armen. Han har øjne ____ hovedet.
Halsen sidder ____ kroppen og hovedet.
Kattegat ligger ____ Jylland og Sverige.
Han har fingeren ____ munden.
Færgen sejler ____ Nyborg og Korsør.
Halsskov ligger ____ Korsør. Korsør ligger ____ Sjælland.
Han ligger ____ sengen. Han sidder ____ bilen.
Færgen har mange biler ____.
Hvor er pigen ____ katten? Hun er ____ bilen.

nye ord kort, nord, syd, øst, vest, op, ned, hav, havet, Vesterhavet, Tyskland, Østersøen, Sjælland, Øresund, Fyn, ø, halvø, Storebælt, Lillebælt, bælt, sund, eller, Finland, Rusland, venstre, højre, fjord, åben, lukket, Holbæk, Isefjorden, Ålborg, Limfjorden, Vendsyssel, Thy, Himmerland, Sønderjylland, Bornholm, bro, Lillebæltsbroen, tog, under, Storstrømmen, Falster, kører, Jylland.

22. Stykke toogtyve

Tallene 2, 4, 6, 8, 10 . . . og så videre er lige tal.
Tallene 1, 3, 5, 7, 9 . . . og så videre er ulige tal.

Her er gaden, hvor hr. Hansen bor. Han bor i nummer tyve, så hans hus ligger på højre side. Alle de lige numre ligger på højre side, og de ulige numre ligger på venstre side.

Huset har en dør og to vinduer til gaden. Døren er lukket, men det ene vindue er åbent. Der sidder Torben og Lise.

Der kommer en bil gennem gaden. Den standser ved hr. Hansens hus. En herre og en dame kommer ud.

»Her er nummer tyve«, siger manden, »så er det her, Hansen bor«.
De går op til døren. Hr. Hansen kommer ud.
»Goddag«, siger han.
»Goddag«, siger herren. »Mit navn er Olivera. Det er min kone, fru Olivera. Vi er fra Vera Cruz«.
»Goddag«, siger hr. Hansen og giver fru Olivera hånden. »Velkommen«.
Herren og damen går med hr. Hansen ind i huset.
»Det er manden fra Mexico og hans kone«, siger Torben til Lise. »Nu kommer de ind i vores hus«.

Ø 2 er et lige tal. 4 er også et ___ tal.
5 er et ___ tal. 7 er også et ___ tal.
Nummer 20 er et ___ nummer.
Er nul et ___ eller et ulige tal?
21 er et ___ nummer. De lige numre ligger på ___ side af gaden.
De ulige numre ligger på ___ side af gaden.
Hr. Hansen bor i ___ 20 i gaden.
Hans hus ligger på ___ side. Huset har en dør til gaden; den er ___.
Der er to vinduer til gaden; det ene er ___. Torben og Lise ___ i vinduet.
Der kommer en bil ___ gaden. Der er en ___ og en dame i den.
Den standser ___ hr. Hansens hus. Herren og ___ kommer ud.
Herren siger: »___ bor Hansen«. De ___ op til døren.
Hr. Hansen kommer ___. Han siger: »___«.
Herren siger: »___ navn er Olivera«.
Hr. Hansen ___ hånden til damen og siger: »___«.
Herren og damen går ___ i huset.
Torben ___: »Det er manden fra Mexico. Nu kommer han ind i ___ hus«.

? *Hvilke tal er lige? Hvilke tal er ulige?*
Hvilket nummer bor hr. Hansen i? Hvilken side ligger hans hus på?
Hvilken side af gaden ligger de lige numre på?
Hvor mange vinduer har huset til gaden?
Hvem kommer ud af bilen? Hvor standser bilen?
Hvad siger manden? Hvem er fra Vera Cruz?
Hvem går ind i huset med hr. Hansen? Hvad siger Torben til Lise?
Hvem siger: Velkommen? Hvem siger han det til?
Hvad gør hr. Hansen, når han siger: »Velkommen«?

Der er to døre i huset. *Hvor mange døre er der?*

Der er mange vinduer i huset. *Hvor mange vinduer ___ ___?*
Der er fem fingre på en hånd. *Hvor mange ___ ___?*
Der er tyve huse på højre side. *Hvor mange ___ ___ på venstre?*
Der kommer mange biler gennem gaden. *Hvor mange ___ ___?*
Der sejler mange færger fra Nyborg. *Hvor mange ___ ___?*
Der er to visere på et ur. *Hvor mange ___ ___?*
Der er 30 dage i juni. *Hvor mange ___ ___?*
Der er 28 bogstaver i alfabetet. *Hvor mange ___ ___?*
Der er syv dage i en uge. *Hvor mange dage ___ ___ i 3 uger?*

lige, ulige, gade, dør, vindue, standser, så, og så videre, går, goddag, min, mit, vi, velkommen, ind, ud, siger, giver, her, herre, dame, vores.

23. Stykke treogtyve

1
1) *Hvad gør manden?* — Manden lukker døren.
2) *Lukker manden døren?* — Ja, han gør; han lukker døren.
3) *Hvem lukker døren?* — Det gør manden.
4) *Hvad lukker manden?* — Manden lukker døren.
5) *Lukker manden ikke døren?* — Jo, han gør; han lukker døren.

manden

2
1) *Hvad gør pigen?* — Pigen åbner vinduet.
2) *Åbner pigen ___?* — Ja, hun gør; hun ___ ___.
3) *Hvem ___ ___?* — Det ___ ___.
4) *___ åbner pigen?* — ___ ___ vinduet.
5) *___ pigen ikke ___?* — Jo, ___ ___; ___ ___ ___.

pigen

3
1) Hvad ___ ___?   Damen kører bilen.
2) Kører ___ ___?   ___, ___ ___; hun ___ ___.
3) ___ ___ bilen?   Det ___ ___.
4) Hvad ___ ___?   ___ ___ ___.
5) ___ ___ ikke ___?   ___, ___ ___; ___ ___.

damen

4
1) ___ gør ___?   Herren giver hånden.
2) Giver ___ ___?   ___, ___ ___; ___ ___ hånden.
3) ___ ___ hånden?   ___ ___ herren.
4) ___ ___ ___?   ___ giver ___.
5) ___ ___ ikke ___?   ___, ___ ___; han ___ ___.

herren

Lav selv spørgsmål og svar til de øvrige billeder:

5 Manden siger goddag.
6 Damen standser bilen.
7 Drengen står på stolen.
8 Hunden ligger i sengen.
9 Pigen sidder i vinduet.
10 Skibet sejler på vandet.

11. Toget kører over broen. 
12. Skibet sejler under broen. 
13. Manden går op på skibet. 
14. Drengen går ned fra skibet. 
15. Damen går ind i huset. 
16. Herren går ud af huset. 
17. Bilen kører gennem gaden. 
18. Pigen står i midten. 
19. Elefanten trækker vognen.

nye ord: stol, jo, elefant, trækker, vognen.

24. Stykke fireogtyve

Her er et bord og en stol. *Hvem sidder på stolen?* Det gør Torben. *Hvad har han i hånden?* Han har et æble i hånden. *Hvad gør han med æblet?* Han spiser det.

På bordet står der et glas. *Hvad er der i glasset?* Der er mælk i glasset. *Spiser Torben mælken?* Nej, det gør han ikke, han drikker den.

Æblet og mælken er Torbens mad. Mad er, hvad vi spiser og drikker.

Vi spiser om morgenen, om middagen og om aftenen. Vi spiser morgenmad om morgenen. Vi spiser middagsmad om middagen, og vi spiser aftensmad om aftenen. Morgenmad, middagsmad og aftensmad er tre måltider.

Mange mennesker spiser ikke varm mad om middagen, men om aftenen, og de spiser så frokost om middagen.

Torbens tre måltider er:
        morgenmad klokken 7
        frokost klokken 11
        middag klokken 6

Mange mennesker får et lille måltid mellem frokost og middag, hvor de drikker te eller kaffe. Dette måltid hedder eftermiddagste eller eftermiddagskaffe, og det får de ofte mellem klokken 3 og klokken 4.

Hvilke måltider får De, og hvornår får De dem?

Klokken er 6, og familien Hansen spiser til middag. *Hvor mange mennesker sidder der ved bordet?* Der sidder seks mennesker ved bordet, for hr. og fru Olivera er der også. Fru Olivera sidder ved hr. Hansens højre side, og hr. Olivera sidder ved fru Hansens venstre side.

Maden står på bordet
»Værsgo«, siger fru Hansen, og så spiser de.

Efter middagen siger fru Hansen: »Velbekomme«, og så siger hr. Olivera, fru Olivera, Torben, Lise og hr. Hansen: »Tak for mad« til fru Hansen, og så går de alle seks fra bordet.

Ø Torben sidder på en ____. Hvem sidder på ____? Det gør Torben.
Hvad har han i hånden? Han har et ____ i hånden.
Hvad gør han med æblet? Han ____ det.
Hvad er der i glasset? Det er ____ i glasset.
Hvad gør han med mælken? Han ____ den.
Æblet og mælken er Torbens ____. ____ er, hvad vi spiser og drikker.
Vi spiser ____ om morgenen, vi spiser ____ om middagen, og vi spiser ____ om aftenen.
Hvornår spiser Torben frokost? Han spiser ____ klokken 11.
Hvad er morgenmad, frokost og middag? Det er tre ____.
Hvad er eftermiddagskaffe? Det er et lille måltid mellem ____ og ____.
Familien Hansen spiser ____ middag klokken 6.
Fru Olivera sidder ved hr. Hansens ____ side.
Fru Hansen siger ____, og de spiser.
Efter middagen siger fru Hansen ____, og de går fra ____.
De siger ____ for mad til fru Hansen.
Hvornår ____ De eftermiddagskaffe? Det ____ jeg klokken 3.

? HVAD ER –?
– *morgenmad? – mad? – eftermiddagskaffe? – frokost? – et måltid?*

? *Hvor sidder Torben? Hvad har han i hånden?*
Hvad gør han med æblet?
Hvad er der i glasset? Hvad gør han med mælken?
Hvad er mad? Hvornår spiser vi?
Hvad spiser vi om morgenen? Hvad spiser vi om middagen?
Hvad spiser vi om aftenen?
Hvornår spiser vi frokost? Hvem spiser frokost?
Hvor mange måltider spiser vi? Hvilke måltider spiser De?
Hvem spiser til middag med familien Hansen?
Hvem sidder ved hr. Hansens højre side? Hvem sidder ved fru Hansens venstre side?
Hvad siger fru Hansen? Hvad gør de, når fru Hansen siger værsgo?
Hvad siger fru Hansen efter middagen? Hvad siger hr. og fru Olivera til fru Hansen?

Ø Brug ordene: **og, eller**

Sidder Torben på et bord ____ en stol? Han sidder på en stol.
Drikker han te ____ mælk? Han drikker mælk.
Spiser vi til middag kl. 12 ____ kl. 6? Vi spiser kl. 6.
Drikker De te ____ kaffe? Ja, jeg gør.
Sidder fru Olivera til venstre ____ til højre? Hun sidder til højre.
Får De te ____ kaffe om eftermiddagen? Nej, jeg får kun kaffe.
Får De kaffe kl. 3. ____ kl. 4? Nej, jeg får kun kaffe kl. 3.
Spiser Torben frokost ____ middag kl. 11? Han spiser frokost.
Er dagene lange ____ korte om sommeren? De er lange.

nye ord bord, æble, spiser, glas, mælk, drikker, mad, morgenmad, middagsmad, aftensmad, frokost, måltid, te, kaffe, eftermiddagste, eftermiddagskaffe, værsgo, velbekomme, tak, får, dem.

25. Stykke femogtyve

En stol er et møbel. Et bord er et møbel, og en seng er et møbel. En sofa er også et møbel. Borde, stole, senge og sofaer er møbler.
Hvad er en sofa, et bord og to stole?
– Det er møbler.

Møblerne står i en stue. Der er to stuer i hr. Hansens hus. Der er spisestuen, hvor familien spiser; der står der et bord og seks stole. Og der er dagligstuen, hvor familien sidder om aftenen; der står der en sofa, to store stole og et bord.

Sidder familien i stuen om natten? Nej, de gør ikke; de ligger i deres senge og sover. *Står deres senge i stuerne?* Nej, deres senge står i deres værelser. Torben har sin seng i sit værelse, Lise har sin seng i sit værelse, og hr. og fru Hansen har deres senge i soveværelset. Der er fem værelser i huset. De to stuer, børnenes værelser og soveværelset er fem værelser.

Der er også et køkken i huset. Der laver fru Hansen den mad, de spiser. *Er køkkenet et værelse?* Nej, det er ikke et værelse, det er et rum. Når De kommer ind i huset, kommer De først ind i entreen. Fra entreen går De ind i stuerne eller ind i badeværelset. *Er badeværelset et værelse?* Nej, det er ikke et værelse. *Hvad er et værelse?* Det er et rum, hvor der bor nogen. Der bor ikke nogen i et badeværelse eller i et køkken.

Fem af de syv rum er værelser. To af de fem værelser er stuer.

Her er dagligstuen. Det er aften. Hr. Olivera og fru Hansen sidder i sofaen. Fru Olivera og hr. Hansen sidder i de to stole. De drikker kaffe. Torben og Lise er der ikke; de er i seng og sover. Kun de voksne er i stuen.

»Hvor lang tid bliver De i Danmark?« siger hr. Hansen.
»Vi bliver her en måned«, siger hr. Olivera. »Så kommer et af mine skibe til København, og så sejler vi til Vera Cruz«.

»Nu siger vi tak for i aften«, siger fru Olivera. »Klokken er mange«.

Hr. og fru Olivera går ud i entreen, og hr. og fru Hansen går med dem.

»Godnat«, siger de og giver hr. og fru Hansen hånden.
»Godnat«, siger hr. og fru Hansen.

Ø En stol er et ____. En sofa og en stol er to ____.
Hvor står møblerne? De står i en ____. *Hvor mange ____ er der i hr. Hansens hus?*
Der er to ____, dagligstuen og spisestuen. I spisestuen står der et bord og seks ____.
Familien ____ i spisestuen. De ____ i dagligstuen om aftenen.
Sidder de der også om natten? Nej, om natten ____ de i deres senge.
Torben har ____ seng i sit værelse. Lise har sin seng i ____ værelse.
Ligger Torben i sin seng? Ja, han ligger i ____ seng om natten.
Hr. og fru Hansen ligger i ____ senge om natten. Deres senge står i ____.
Der er fem ____ i huset. To af værelserne er ____.
En stue er et værelse, hvor der bor ____.
Bor der ____ i et badeværelse? Nej, et badeværelse er ikke et værelse; det er et ____.
Hvor mange rum er der i huset? Der er syv ____ i huset.
Er entreen et værelse? Nej, for der bor ikke ____.
Er et køkken et værelse? Nej, det er et ____.
Hvad gør fru Hansen i ____ køkken? Hun laver ____.
Hvad gør familien i spisestuen? De ____ deres mad.
Hvor sidder hr. Olivera og fru Hansen? De sidder i ____.
Hvor sidder hr. Hansen og fru Olivera? De sidder i de to ____.
Hvad spiser de? De spiser ____, de drikker ____.
Hvor ____ tid bliver hr. og fru Olivera i København? De ____ i Danmark en måned.
____ kommer et af hr. Oliveras skibe, og så sejler de til Vera Cruz.
Hvad siger de, når de går? De siger ____.

Ø Brug ordene: **hans, hendes, sin, sit, sine, deres, vores, min, mit, mine.**

Er huset hr. Hansens? Ja, det er ____.
Bor hr. Hansen i ____ hus? Ja, han bor i ____ hus.
Bor hr. Olivera i hr. Hansens hus? Nej, han bor ikke i ____ hus.
Ligger Torben i ____ seng? Ja, han ligger i sin seng.
Er Torbens seng i hans værelse? Ja, den er i ____ værelse.
Har Torben ____ seng i ____ værelse? Ja, han har den i ____ værelse.
Hvor har familien deres senge? De har deres senge i ____ værelser.
Hvor laver fru Hansen mad? Hun laver mad i ____ køkken.
Hvor bor De, hr. og fru Hansen? Vi bor i ____ hus.
Hvis er det hus, hr. Hansen? Det hus er ____.
Hvis er de møbler, hr. Hansen? Det er ____.
Ligger Torben i hr. Oliveras seng? Nej, han ligger ikke i ____ seng, han ligger i sin seng.
Er det værelse Lises? Ja, det er ____. *Er sengen også hendes?* Ja, den er ____.
Ligger hun i den? Ja, hun ligger i ____ seng.
Sidder fru Olivera i ____ stue? Nej, hun sidder i fru Hansens stue.

Ø

Huset					hus.
Bilen		min.		min	bil.
Hundene	er	mit.	– Det er	mit	hunde.
Børnene		mine.		mine	børn.
Skibet					skib.
Bogen					bog.
Uret					ur.
Katten					kat.

HVAD ER –?
– et værelse? – en stue? – et køkken? – en entré? – et møbel? – en spisestue? – en dagligstue? – en sofa?

Hvem	sidder ligger står sejler spiser laver mad sover åbner lukker standser	i sin seng på hans stol ved hendes bord ved sit bord i sit værelse i deres stue i sin spisestue i deres spisestue på sit skib i sit køkken sin dør i sin dør sit vindue hans dør sin bil	?

Han Hun De Drengen Børnene Mændene Vi	bor ligger sidder laver mad sover spiser	i på	sin sit sine hans hendes deres vores	hus. køkken. stue. seng. soveværelser. spisestue. stole. stol. sofa.

møbel, sofa, stue, spisestue, dagligstue, sover, værelse, soveværelse, køkken, rum, entré, badeværelse, nogen, godnat, sin, sit, laver.

26. Stykke seksogtyve

Her er fem bogstaver; de danner et ord – ordet **sprog**. Der er over tohundrede sider i bogen her, og på de fleste sider er der mange ord. Alle ordene er danske. Bogen er dansk.

Dansk er et sprog. Familien Hansen taler dansk, for de bor i Danmark.

Taler hr. Olivera dansk? Ja, han gør; han taler dansk, når han er i Danmark, men han taler spansk, når han er i Mexico. Spansk er også et sprog.

Taler hr. Smith dansk? Ja, han taler dansk, når han er i Danmark, men han taler engelsk, når han er i Amerika.

Hvilket sprog taler man i Amerika? Man taler engelsk i USA og Canada og spansk i Mexico.

Hvilket sprog taler man i England? Man taler engelsk, for det engelske sprog kommer fra England.

Hr. Hansen taler ikke spansk, så han taler dansk med hr. Olivera, og hr. Olivera taler dansk med hr. Hansen. Hr. Hansen forstår, når hr. Olivera taler spansk til ham.

Hr. Smith forstår ikke spansk, og hr. Olivera forstår ikke engelsk. Men hr. Smith forstår det, når hr. Olivera taler dansk til ham.

Forstår De, hvad jeg siger, når jeg taler dansk til Dem? Vi forstår ikke hinanden, når De taler spansk, og jeg taler dansk. Men når De taler dansk, og jeg taler dansk, forstår vi hinanden.

Hr. Hansen taler engelsk og hr. Olivera taler spansk, så de forstår ikke hinanden. Men de forstår hinanden, når hr. Hansen taler dansk, og hr. Olivera taler dansk.

Jeg taler dansk, og De taler dansk, så vi taler det samme sprog, og vi forstår hinanden. Men vi forstår ikke hinanden, når vi ikke taler det samme sprog.

I USA taler man det samme sprog som i England og Canada, og i Mexico taler man det samme sprog som i Spanien.

Mennesker forstår hinanden, når de taler det samme sprog.

Ø Dansk er et ___. Spansk er et ___. Engelsk og dansk og spansk er tre ___.
___ hr. Olivera dansk? Ja, han taler dansk, ___ han er i Danmark.
Hvilket sprog taler ___ i Canada? Man ___ engelsk i Canada.
Hvor kommer engelsk fra? Det ___ sprog kommer fra England.
Hr. Hansen ___ det ikke, når hr. Olivera taler spansk.
___ *De, hvad jeg siger, når jeg taler dansk?* Ja, jeg gør.
Hr. Olivera og hr. Hansen forstår ___, når de taler dansk.
Vi taler det ___ sprog, når jeg taler dansk, og De taler dansk.
I USA taler ___ det samme sprog som i England.
I Mexico taler man det ___ sprog ___ i Spanien.
Mennesker forstår ___, når de taler det ___ sprog.

?

| Hvem | taler
forstår
siger | (ikke) | dansk
engelsk
spansk
det samme sprog
hinanden
godnat
goddag
tak for mad
hvad jeg siger
bogens ord | ? |

Ø Brug ordene: **men, mens, når**

Hun lukker ikke døren, ___ vinduet.
Han siger ikke goddag, ___ farvel.
Torben og Lise er ikke voksne, ___ børn.
Jeg får ikke te om eftermiddagen, ___ kaffe.
De sidder ikke på bordet, ___ ved bordet.
Hun går ikke ud af huset, ___ hun går ind i huset.
De voksne sidder i stuen, ___ børnene ligger i deres senge.
De sidder i stuen, ___ de drikker kaffe.
Torben sidder på stolen, ___ han spiser.
Børnene snakker, ___ de spiser morgenmad.
Børnene ligger i deres senge, ___ de sover.
De siger tak for mad, ___ de går fra bordet.
De giver hånden ___ de siger godnat.
De siger godnat, ___ de går hjem.
Jeg rejser hjem, ___ mit skib kommer til København.

nye ord sprog, tres, bog, taler, spansk, man, England, forstår, Dem, hinanden, samme, Spanien, som, engelsk.

27. Stykke syvogtyve

HVORFOR

Hvorfor er sommeren en lys tid?
Hvorfor er vinteren en mørk tid?
Hvorfor er der mange broer i Danmark?
Hvorfor standser hr. Olivera sin bil ved nummer 20?
Hvorfor giver hr. Hansen hånden?
Hvorfor er København en stor by?
Hvorfor ligger Torben i sin seng?
Hvorfor forstår hr. Olivera og hr. Smith ikke hinanden?
Hvorfor forstår De, hvad jeg siger?

FORDI

Fordi dagene er lange.
Fordi dagene er korte.
Fordi der er mange øer.
Fordi hr. Hansen bor der.
Fordi han siger goddag.
Fordi der bor mange mennesker.
Fordi det er nat, og han sover.
Fordi de ikke taler det samme sprog.
Fordi vi taler det samme sprog.

hvorfor, fordi.

28. Stykke otteogtyve

1. Der er noget i glasset. *Hvad er det?* – Det er mælk.
2. Drengen har noget i hånden. *Hvad er det?* – Det er en hat.
3. Manden siger noget. *Hvad siger han?* – Han siger goddag.

4. Der er nogen i bilen. *Hvem er det?* – Det er Lise.
5. Der sidder nogen på stolen. *Hvem er det?* – Det er fru Smith.
6. Der ligger nogen i sengen. *Hvem er det?* – Det er hr. Hansen.

7. Der kører nogle biler på gaden. *Hvor mange er der?* – Der er to.
8. Der sidder nogle børn i vinduet. *Hvem er det?* – Det er Torben og Lise.
9. Der står nogle damer ved døren. *Hvor mange er der?* – Der er to.

nogen, noget, nogle.

29. Stykke niogtyve

Løve er en landsby. Den ligger på Sjælland, 10 kilometer nord for Slagelse ved vejen til Kalundborg. Slagelse og Kalundborg er byer. Slagelse er ikke en stor by, men den er større end Kalundborg. Der bor 30.000 mennesker i Slagelse, men kun 15.000 mennesker i Kalundborg.

Hvad er størst: en by eller en landsby? – Det er en by.
Hvad er mindst? – Det er en landsby.

Løve er mindre end Kalundborg. Slagelse er større end Kalundborg, og Kalundborg er større end Løve.

I en by er der mange huse, og der bor mange mennesker. I en landsby er der få huse, og der bor få mennesker. Få er det modsatte af mange.

I Løve bor der 1100 mennesker; det er ikke mange. Nogle af dem bor i huse, og nogle af dem bor på gårde. Der er ingen gårde i en by; der er kun gårde på landet.
Kalundborg er større end Løve, så der er flere huse og flere mennesker i Kalundborg end i Løve. *I hvilken by bor der flest mennesker, Slagelse eller Kalundborg?* Det gør der i Slagelse.

Bor De i byen, eller bor De på landet?
Bor De i et hus, eller bor De på en gård?

Ø Løve er en ____. Den ____ på Sjælland. Den ligger ved ____ fra Slagelse til Kalundborg.
Slagelse er ____ end Kalundborg.
Der bor ____ mennesker i Slagelse. Der bor femten ____ mennesker i Kalundborg.
Hvilken by er den største, Kalundborg ____ Slagelse? Slagelse er den ____.
Løve er ____ end Kalundborg.
Der er ____ huse i en by. Der er ____ huse i en landsby.
____ er det modsatte af mange.
Nogle mennesker i Løve bor i huse, og nogle bor på ____.
Der er ____ gårde i en by. Der er kun gårde på ____.
Bor De på ____? Nej, jeg bor i byen.
Hvilken ____ bor De i? Jeg bor i Slagelse.
Hvor mange kilometer er der fra Slagelse til Løve? Der er ti ____ fra Slagelse til Løve.

Ø Brug ordene: **også, heller**

Torben taler dansk, og det gør Lise også.
              Manden taler ikke dansk, og det gør damen heller ikke.
Hun drikker kaffe, og det gør han ____.
              Hun drikker ikke te, og det gør han ____ ikke.
Torben sover, og det gør Lise ____.
               Torben sover ikke, og det gør Lise ____ ikke.
Hr. Hansen siger goddag, og det gør fru Hansen ____.
              De siger ikke goddag, og det gør jeg ____ ikke.

Ø Brug ordene: **stor, større, størst – lille, mindre, mindst – mange, flere, flest.**

Hvilken by er ____, Slagelse eller Kalundborg? Det er Slagelse.
Hvor er der ____ mennesker, i Slagelse eller i Løve? Det er der i Slagelse.
Hvilken by er den ____ i Danmark? Det er København.
Der bor ____ mennesker i København end i Kalundborg.
Hvor er der ____ huse, i Kalundborg eller i Løve? Det er der i Kalundborg.
Hvor er der ____ gårde, i Løve eller i København? Det er der i Løve.
Hvilken by i Danmark er ____ end København?
Ingen by i Danmark er større end København.
Er der gårde i København? Nej, der er ____ gårde i København.
Større er det modsatte af ____. Mindst er det modsatte af ____.

Ø

Han Hun Torben De Vi Hr. og fru Olivera Hr. Hansen Børnene Mændene Herrerne Damerne Drengene	taler spiser drikker forstår åbner lukker standser sejler laver sover er går	(ikke)	dansk æbler te engelsk døren vinduet bilen skibet mad små store	og det	gør er	jeg de Lise vi De Hr. og fru Olivera hun I konerne damerne pigerne mændene	også. heller ikke.

nye ord Løve, landsby, kilometer, vej, Slagelse, Kalundborg, større, tusinde, mindre, størst, mindst, end, gård, ingen, flere, flest, heller.

30. Stykke tredive

Hr. Hansen er fra Danmark; han er dansker.
Hr. Olivera er fra Mexico; han er mexikaner.
Hr. Smith er fra Amerika; han er amerikaner.
Hr. Isono er fra Japan; han er japaner.
Hr. Karanja er fra Afrika; han er afrikaner.

Manden er fra Sverige; han er svensker.
Manden er fra Norge; han er nordmand.
Manden er fra England; han er englænder.
Manden er fra Sovjetunionen; han er russer.
Manden er fra Indien; han er inder.
Manden er fra Tyskland; han er tysker.

Hr. Hansen er fra København; han er københavner.
Hr. Ericson er fra Stockholm; han er stockholmer.

En dame fra Tyskland er tysk.
En dame fra Sverige er svensk.
En dame fra Norge er norsk.

dansker, mexicaner, amerikaner, japaner, afrikaner, svensker, nordmand, englænder, russer, tysker, inder, københavner, stockholmer, tysk, svensk, norsk, Indien.

31. Stykke enogtredive

Her står et skilt. Det er et vejskilt; det viser vej til Løve. Manden står og ser på det. Der står LØVE på skiltet: L – Ø – V – E.

Der ligger et hus på venstre side af vejen, og der ligger en gård på højre side af vejen. Der er både huse og gårde i Løve. Nogle gårde er store, og nogle gårde er små. En gård er altid større end et hus.

Der ligger Jacob Nielsens gård. Den hedder Vestergård. Det står med store bogstaver på en stor sten ved vejen.

Manden ser på navnet på stenen, og så går han hen til gården. Den har tre længer. I længen til venstre er der en port og mange små vinduer; der bor ingen mennesker. I længen i midten er vinduerne også små, så der bor heller ingen. Men i længen til højre er vinduerne størst, og der er en dør. Manden går hen til døren.

Døren går op.
»Bor Jacob Nielsen her?« spørger manden.
»Jeg er Jacob Nielsen«.
»Mit navn er Karanja, jeg er afrikaner«.
»Goddag – og velkommen«.

Ø Der står LØVE på ____. Det er et ____skilt; det ____ vej til Løve.
Der er ____ huse og gårde i Løve.
Gårdens navn står med store bogstaver på en stor ____ ved vejen.
Manden ____ på skiltet. Manden ____ på stenen.
Der er ____ vinduer i gården. Der er også en port; en port er en stor ____.
Gården har tre ____. I længen til højre er vinduerne ____, der bor familien.
Manden går ____ til døren. *»Bor Jacob Nielsen her?«* ____manden.
Manden er ____, han er fra Afrika. Hans ____ er Karanja.
Jacob Nielsen ____ velkommen.

Ø Brug ordene: **både . . . og**

Der er ____ huse ____ gårde i Løve.
Der er en længe ____ til venstre ____ til højre.
Gården har ____ en port ____ en dør.
Vejen går ____ til Løve ____ til Kalundborg.
Slagelse er større end ____ Kalundborg ____ Løve.
Løve er mindre end ____ Slagelse ____ Kalundborg.
____ København ____ Oslo er byer.

nye ord · skilt, vejskilt, står, ser, både – og, altid, Jacob Nielsen, Vestergård, sten, en længe – to længer, hen.

32. Stykke toogtredive

Jacob Nielsen har to navne, et fornavn og et efternavn. Jacob er hans fornavn, og Nielsen er hans efternavn.

Hvad er Deres fornavn?
Hvad er Deres efternavn?

Fornavnet er det første navn, og efternavnet er det sidste navn.

Hr. Karanja siger til hr. Nielsen:
»Bor De i Løve, hr. Nielsen?« – »Ja, jeg gør,« svarer denne.

Hr. Nielsen siger til hr. Karanja:
»De er velkommen på Vestergård, hr. Karanja.« – »Mange tak,« er svaret.

På dansk siger man »De« til mennesker, man ikke kender godt.

Men mange mennesker siger »du« til hinanden. Voksne mennesker siger »du« til børn. Børn siger »du« til hinanden. Børn siger »du« til deres far og mor, til alle i deres familie og til mange andre voksne. Når man siger »du«, siger man ikke hr. Man siger enten:
»Hvor bor du, Jacob?«
eller
»Hvor bor du, Nielsen?«

Når man siger du til hinanden, er man »dus«. Hr. Nielsen er »dus« med hr. Karanja og siger Rikard til ham, for Rikard er hr. Karanjas fornavn. Og hr. Karanja siger Jacob til hr. Nielsen.

Jacob Nielsens kone hedder Karen, og hans børn hedder Søren og Inge. De siger også »du« til hr. Karanja. Han er »dus« med alle i familien.
Hvem er De »dus« med?
Jeg er »dus« med alle de mennesker, jeg siger »du« til.

Der er mange mennesker i Danmark, der siger du til alle andre mennesker; også til dem de ikke kender godt.

Ø *Er Jacob et fornavn eller et efternavn?* Det er et ____.
Hvad er hr. Karanjas ____? Det er Rikard.
____ er det første navn, ____ er det sidste navn.
Voksne mennesker siger ____ til børn.
Man siger ____ til sin familie og til sin far og mor.
Når man siger »du« til hinanden, er man ____.
Rikard er ____ med alle i familien.
Når man siger »du«, siger man ikke ____.
Jeg er ____ med alle de mennesker, jeg siger »du« til.

Brug ordene: **enten . . . eller**

Han er ___ dansker ___ svensker.
Han bor ___ i et hus ___ på en gård.
Vejen går ___ til Løve ___ til Kalundborg.
Hvem er i stuen? Det er ___ Søren ___ Inge.
Skibet sejler ___ til Amerika ___ til Afrika.
Han drikker ___ te ___ kaffe.
De taler ___ engelsk ___ dansk.
Hunden ligger ___ i sengen ___ i bilen.
Det er ___ hr. ___ fru Hansen.
Han siger ___ goddag ___ farvel.
Han er ___ englænder ___ amerikaner.
På skiltet står der ___ Løve ___ Kalundborg.
Vi går ___ til højre ___ til venstre.

	en –	–en	et –	–et	mange –	alle –
landsby						
kilometer						
gård	en gård	gården				
æble						
dansker						
inder						
skilt			et skilt			
vej					mange veje	
sten						
længe		længen				
dør						alle dørene
fornavn						
efternavn						
sprog						
sofa						
stue						
køkken						
værelse						
bog						

fornavn, efternavn, du, »dus«, enten–eller, Karen, Søren, Inge.

33. Stykke treogtredive

Hr. Isono: *Hvad kan De se i nummer 1, hr. Hansen, og hvad kan De ikke se?*
Hr. Hansen: Jeg kan se et glas, men jeg kan ikke se, hvad der er i glasset. *Hvad kan De se i nummer 2, hr. Karanja, og hvad kan De ikke se?*
Hr. Karanja: Jeg kan se en kuffert, men jeg kan ikke se, hvad der er i kufferten. *Hvad kan du se i nummer 3, Jacob, og hvad kan du ikke se?*
Hr. Nielsen: Jeg kan se en flaske, men jeg kan ikke se, hvad der er i flasken. *Hvad kan du se i nummer 4, Søren, og hvad kan du ikke se?*
Søren: Jeg kan se en seng, men jeg kan ikke se, hvem der ligger i sengen. *Hvad kan du se i nummer 5, Inge, og hvad kan du ikke se?*
Inge: Jeg kan se en bil, men jeg kan ikke se, hvem der sidder i bilen. *Hvad kan De se i nummer 6, fru Isono, og hvad kan De ikke se?*
Fru Isono: Jeg kan se en vogn, men jeg kan ikke se, hvad der er i vognen. *Hvad kan du se i nummer 7, Torben, og hvad kan du ikke se?*
Torben: Jeg kan se en telefonboks, men jeg kan ikke se, hvem der står i telefonboksen. *Hvad kan du se i nummer 8, Lise, og hvad kan du ikke se?*
Lise: Jeg kan se en båd, men jeg kan ikke se, hvem der sejler i båden. *Hvad kan De se i nummer 9, hr. Smith, og hvad kan De ikke se?*
Hr. Smith: Jeg kan se en stol, men jeg kan ikke se, hvem der sidder i stolen. *Hvad kan De se i nummer 10, hr. Olivera, og hvad kan De ikke se?*
Hr. Olivera: Jeg kan se et skib, men jeg kan ikke se, hvad der er i skibet. *Hvad kan du se i nummer 11, Viggo, og hvad kan du ikke se?*
Hr. Hansen: Jeg kan se en skål, men jeg kan ikke se, hvad der er i skålen. *Hvad kan du se i nummer 12, Karla, og hvad kan du ikke se?*
Fru Hansen: Jeg kan se et bord, men jeg kan ikke se, hvad der står på bordet. *Hvad kan De se . . .*
Hr. ?: Jeg kan se . . .

nye ord kan, se, kuffert, flaske, vogn, telefonboks, båd, skål, frk. = frøken.

34. Stykke fireogtredive

A

1. Han er i byen.

    a) Han er | ikke / altid | i byen

    b) *Er han i byen?*

    c) *Er han | ikke / altid | i byen?*

2. Torben taler dansk.

    a) Torben taler | ikke / altid | dansk.

    b) *Taler Torben dansk?*

    c) *Taler Torben | ikke / altid | dansk?*

Forsæt selv på samme måde:

3. Far sover i stolen.
4. Maden står på bordet.
5. Inge står i telefonboksen.
6. Nielsen kører i vognen.
7. Søren sejler i båden.
8. Manden drikker af flasken.
9. De går på vejen.
10. Vi siger goddag.
11. Mor laver mad.
12. Jeg standser bilen.
13. Hr. Olivera åbner vinduet.
14. Torben drikker te.
15. De forstår, hvad jeg siger.
16. Frøken Smith forstår spansk.

B

1. Vi taler dansk, når han er her.

    a) Vi taler | ikke / altid | dansk, når han er her.

    b) Vi taler dansk, når han ikke er her.

    c) Vi taler ikke dansk, når han ikke er her.

2. Han siger nej, når du siger ja.

    a) Han siger | ikke / altid | nej, når du siger ja.

    b) Han siger nej, når du ikke siger ja.

    c) Han siger | ikke / altid | nej, når du ikke siger ja.

Fortsæt selv på samme måde:

3. Hun kommer, når du går.
4. Mor laver mad, når far sover.
5. Søren åbner vinduet, når Inge lukker døren.
6. Jacob drikker af flasken, når Rikard drikker af glasset.
7. Viggo forstår det, når vi taler spansk.
8. Karla taler dansk, når Maria taler norsk.
9. Søren giver hånden, når han siger goddag.
10. Rikard bor i Løve, når han er i Danmark.

C

1. Vi taler dansk, når han er her.
   a) Når han er her, taler vi dansk.
   b) Når han ikke er her, taler vi ikke dansk.
   c) Når han er her, taler vi | ikke / altid | dansk.
   d) Når han ikke er her, taler vi | ikke / altid | dansk.

2. Mor laver mad, når far sover.
   a) Når far sover, laver mor mad.
   b) Når far ikke sover, laver mor ikke mad.
   c) Når far sover, laver mor | ikke / altid | mad.
   d) Når far ikke sover, laver mor | ikke / altid | mad.

Fortsæt selv på samme måde:

3. Far sidder i stolen, når han sover.
4. Søren siger goddag, når han giver hånden.
5. Inge ligger i sengen, når hun sover.
6. Hr. Smith taler dansk, når han er i Danmark.
7. De kommer først ind i entreen, når De kommer ind i huset.
8. Torben drikker mælk, når han spiser.
9. Manden går ud af toget, når det standser.
10. Søren sidder på en stol, når han spiser.

D

1. Jeg kan forstå dig, når du taler dansk.
   a) Jeg kan ikke forstå dig, når du taler dansk.
   b) Jeg kan ikke forstå dig, når du ikke taler dansk.
   c) Når du taler dansk, kan jeg forstå dig.
   d) Når du taler dansk, kan jeg ikke forstå dig.

2. Jeg kan se dig, når du står ved vinduet.
   a) Jeg kan ikke se dig, når du står ved vinduet.
   b) Jeg kan ikke se dig, når du ikke står ved vinduet.
   c) Når du står ved vinduet, kan jeg se dig.
   d) Når du står ved vinduet, kan jeg ikke se dig.

Fortsæt selv på samme måde:

3. Jeg kan se Dem, når De åbner døren.
4. Jeg kan spise maden, når mor laver den.
5. Du kan standse bilen, når den kører på vejen.
6. Du kan se manden, når han går på gaden.
7. Torben kan sove, når han spiser.
8. Hr. Smith kan tale dansk, når han taler med Rikard.
9. Jeg kan se bilen, når jeg går gennem porten.
10. Inge kan se Søren, når han står i telefonboksen.

nye ord dig, Dem.

35. Stykke femogtredive

Her er der en vej, hvor der kører mange biler. De fleste af dem kører hurtigt, men en af dem gør ikke. Den kører langsomt, og nu går den i stå. Manden, der sidder i den, står ud og går om og lukker hjelmen op for at se ned i motoren. Han står og ser på den et par minutter. Så går han ind i bilen igen og prøver at starte den. Det går, og bilen kører igen.

Men den kommer ikke ret langt, før den går i stå igen. Alle de andre biler kører uden om den. Nu kommer der to mænd hen til bilen. »*Skal vi hjælpe dig?*« siger de. »Ja tak,« svarer manden. Og så går de to mænd om bag bilen og skubber den hen ad vejen. Nu drejer de den til højre. Der ligger en tankstation. Der sælger de benzin og laver biler. »Tak for hjælpen,« siger manden og står ud af bilen.

Nu er vi på tankstationen. Her står en mand og ser på bilen. Han er mekaniker. Han har lukket hjelmen op og bøjer sig ind over motoren. Han har en skruenøgle i hånden. Han drejer den rundt og tager et tændrør ud.
»Se på det,« siger han. »Det går ikke mere. Du må have nye tændrør.«
»*Kan du sætte dem i nu?*« spørger manden.
»Ja, det kan jeg godt.« siger mekanikeren.
Så sætter han tændrørene i.
»Prøv så at starte motoren igen«, siger mekanikeren.
Det gør manden. »Nu går den fint,« siger han.
»*Hvad skal du have for det?*«
»Det bliver 57,50 kr.«
»Værsgo.«
»Tak.«
»Farvel.«
»Farvel.«

Der ____ mange biler på ____. De kører ____, men en af dem kører ____.
Den går i ____. Manden lukker ____ op og ser ned i motoren.
Det kommer der ikke noget ud af. Han prøver at ____ bilen igen.
De andre biler kører ____ ____ den.
Så kommer der to mænd og ____ bilen hen til ____.
Der kommer der en ____ med en skruenøgle i hånden.
Han sætter nye ____ i, og så kan bilen køre igen.

hurtig, langsom, lukker op, hjelm, starte, dreje, hjælpe, skubbe, tankstation, benzin, motor, skruenøgle, tændrør, mekaniker.

36. Stykke seksogtredive

Penge er enten mønter eller sedler. Man laver mønter af metal og sedler af papir.

Papir er det, man laver bøger af. Denne bog er lavet af papir. Papiret er hvidt, bogstaverne er sorte. Nogle mønter er lavet af hvidt metal, andre er lavet af rødt metal.

Den mindste mønt er en femøre den største mønt er en tikrone. Ti-øren er større end femøren, og femogtyveøren er større end tiøren.

Hvor mange penge er en tiøre og to femører? – Det er 20 øre.
Hvor mange penge er en femøre og to tiører? – Det er femogtyve øre.
Hvor mange penge er to femogtyveører? – Det er halvtreds øre.
Hvor mange penge er fire femogtyveører? – Det er en krone.
Hvor mange penge er en femkrone og fem enkroner? – Det er 10 kroner.
En krone er hundrede øre.

Mange mennesker siger ikke »ti kroner«, men de siger en »tier«. En tier er en mønt. En tyvekroner er en seddel. Det er en »halvtredser« også; den er halvtreds kroner. Der er også en hundredkroneseddel, en femhundredkroneseddel og en tusindkroneseddel. Alle sedler er lavet af papir. Sedler er store penge; mønter er småpenge.

Når man vil se, hvor mange penge man har, tæller man dem. Når man siger: en, to, tre, fire, fem, seks, . . . og så videre, tæller man.

Hvis jeg har to femogtyveører, og du giver mig to femogtyveører, hvor mange penge har jeg så?
– Du har en krone.

Hvis jeg har en krone, og du giver mig en krone, hvor mange penge har jeg så?
– Du har to kroner.

Hvis du har en krone og femogtyve, og jeg giver dig en krone og femogtyve, hvor mange penge har du så?
– Jeg har to og en halv.

Hvis du har to kroner, og jeg giver dig en krone og femogtyve, hvor mange penge har du så?
– Jeg har tre femogtyve.

Hvis du har en krone, og jeg giver dig halvtreds øre, hvor mange penge har du så?
– Jeg har halvanden krone. Halvanden krone er en krone og halvtreds øre.

0,75 kr. = femoghalvfjerds øre
1,25 kr. = en femogtyve
1,50 kr. = halvanden krone
2,25 kr. = to femogtyve
7,35 kr. = syv femogtredive
10,50 kr. = ti en halv
50,50 kr. = halvtreds en halv.

?

| Hvor mange penge er | en femøre
en tiøre
en femogtyveøre
en krone
en femkrone | og | en femkrone
en krone
en femogtyveøre
en tiøre
en femøre | ? |

?

| Hvad er | 1,05 kr.
3,25 kr.
0,75 kr.
11,25 kr.
2,30 kr.
4,15 kr.
1,40 kr. | + | 2,20 kr.
0,30 kr.
5,35 kr.
7,20 kr.
3,45 kr.
0,25 kr.
1,65 kr. | ? |

Ø

Mønter og sedler er ____. Sedler er lavet af ____. Mønter er lavet af ____.
En femkrone er lavet af ____ metal. En femøre er lavet af ____.
Papiret på side 17 er ____, og bogstaverne er ____.
Femøren er den ____ mønt, tikronen er den ____ mønt.
Femogtyveøren er ____ end tiøren. Kronen er ____ end femkronen.
Hvor mange penge er en femøre og to tiører? Det er ____ øre.
____ du har en krone, og jeg giver dig to kroner, så har du tre.
____ er store penge; mønter er ____.
En tyver er en ____.

?

HVAD ER – ?
*en femmer
en tier
en halvtredser
småpenge
en landsby
en længe
et vejskilt?
en port
en amerikaner
et efternavn
en båd
halvanden*

	en –	et –	den – det –	de –
stor lille sort hvid gul dansk tysk norsk svensk	– by – mand – kat – båd – mønt – bil – bog – gård – stol	– hus – skib – bogstav – bord – skilt – navn – glas – barn – møbel	den store by det lille hus	de store byer de små huse

penge, mønt, seddel, metal, papir, hvid, sort, gul, krone, femkrone, femøre, tiøre, femogtyveøre, tier, halvtredser, småpenge, tæller, hvis, mig, halvanden, lavet, lidt, andre, vil, denne.

37. Stykke syvogtredive

Der er mange ting på bordet, når man spiser.
Den største ting er en tallerken. De andre ting er mindre. På den ene side af den ligger der en gaffel, og på den anden side ligger der en kniv. Ved tallerkenen ligger der også en ske, og der står et glas og en kop. Ved koppen ligger der en lille ske; det er en teske.

I Danmark spiser man med gaffelen i venstre hånd og kniven i højre hånd.

Alle de ting, én person bruger, når han spiser, er en kuvert. Der er en kuvert til hver person på bordet. Når der sidder fem personer ved bordet, er der fem kuverter.

Her sidder der fem personer ved et bord. Det er Jacob og Karen, Søren, Inge og Rikard. De spiser morgenmad.

»Værsgo«, siger Karen. »*Hvad vil I have, Søren og Inge?*«
»Jeg vil gerne have cornflakes og mælk«, siger Søren.
»Det vil jeg også gerne«, siger Inge.
»*Hvad vil du have, Rikard?*«
»Jeg vil også gerne have cornflakes og mælk.«

»*Må jeg bede om et glas mælk, Karen*«, siger Jacob, »*og vil du give mig en kop kaffe?*«
»*Må jeg også få en kop kaffe?*« spørger Søren.
»Ja, nu skal jeg give jer den«, siger Karen. »*Vil du også have en kop kaffe, Rikard?*«
»Ja, tak.«

Der ligger en stor kniv på bordet ved Karens kuvert. Det er en brødkniv. Karen tager brødkniven og skærer nogle stykker brød af.

»*Må jeg bede om et stykke brød?*« siger Jacob.
»Værsgo«, siger Karen og giver ham et stykke brød. »*Vil du også have et stykke, Rikard?*«
»Ja tak.«
»Værsgo, her er smør.«
»Mange tak.«

Rikard tager noget smør og lægger det på sin tallerken. Så tager han sin kniv og lægger smørret på brødet.
»*Vil du give mig smørret, Rikard?*«, siger Inge.
Rikard tager smørret og giver hende det.
»Tak, Rikard.«
»*Vil I have et stykke brød til?*« siger Karen.
»Nej tak. Tak for mad, mor«, siger Inge.
De andre tre siger også tak for mad, og Karen siger: »Velbekomme.«

Ø
Tallerkenerne er større end de ___ ting på bordet.
På den ene side af tallerkenen ligger der en ___, på den ___ side ligger der en kniv.
Man ___ med en kniv. Man ___ brød med en brødkniv.
Man spiser med ___ i venstre hånd og kniven i højre hånd.
En ___ er alle de ting, en person bruger, når han spiser.
Man ___ en kniv, når man skærer brød.
En ___ er en mand eller en kvinde eller et barn.
Man drikker mælk af et ___, og man drikker kaffe af en ___.
»Hvad vil ___ have, Søren og Inge?«, siger Karen.
»Nu skal jeg give ___ en kop kaffe.«
Jacob siger: »Må jeg ___ om et glas mælk?«
Rikard vil ___ have et stykke brød.
Han ___ en kniv, og med kniven ___ han smør på brødet.
Inge siger: »Må jeg få smørret?«, og Rikard giver ___ det.
Jacob siger: »Må jeg bede om et stykke brød?«, og Karen giver ___ det.

?

| Skal
Vil
Kan
Må | jeg
du
han
hun
Søren
Karen
vi
I | give
skære
sige
bede
spørge
svare | dig
mig
ham
hende
jer
Karen
Rikard | en anden ting
noget
et stykke brød
det
om det
om smørret | ? |

!

| Ja,
Nej, | jeg
du
han
hun
Søren
Karen
vi
I | skal
vil
kan
må | ikke
gerne | give
skære
sige
bede
spørge
svare | dig
mig
ham
hende
jer
Karen
Rikard
os | en anden ting.
noget.
et stykke brød.
det.
om det.
om smørret. |

Ø

| | Person A: | Person B: | Person A: |

A 1. *Forstår han dansk?* Ja, han gør, han forstår dansk
  Kan du forstå dansk? Ja, jeg kan.

2. *Taler han engelsk?*
3. *Laver hun mad?*
4. *Giver hun hånden?*
5. *Standser du bilen?*

B 1. *Kører han vognen?* Ja, han gør, han kører vognen.
  Vil du køre vognen? Nej, jeg vil ikke.

2. *Åbner hun døren?*
3. *Lukker han vinduet?*
4. *Drikker du mælk?*
5. *Har han bogen?* Ja, han har, han har bogen.
  Vil du have bogen? Nej, jeg vil ikke.

C 1. *Sover han på sofaen?* Ja, han gør, han sover på sofaen.
  Må du sove på sofaen? Nej, jeg må ikke.

2. *Ligger han i sengen?*
3. *Sidder han på stolen?*
4. *Kører han i bilen?*
5. *Beder hun om smørret?*

D 1. *Går han i seng?* Ja, han gør, han går i seng.
  Skal du gå i seng? Nej, jeg skal ikke.

2. *Sover han?*
3. *Svarer hun?*
4. *Lukker han vinduet?*
5. *Drikker de te?*

nye ord ting, tallerken, gaffel, kniv, ske, kop, teske, person, kuvert, I, jer, cornflakes, gerne, bede, skal, må, brød, brødkniv, skærer, smør, lægger, tager, ham, hende, spørger, bruger, have.

38. Stykke otteogtredive

1. a. Jeg spørger ham.
   b. *Hvor bor du?*   a+b Jeg spørger ham, hvor han bor.

2. a. *Kan du sige mig det?*
   b. *Hvem er han?*   a+b Kan du sige mig, hvem han er.

3. a. Du siger ikke noget.
   b. *Hvor er pengene?*   a+b Du siger ikke (noget om), hvor pengene er.

4. a. Jeg tæller pengene.
   b. *Hvor mange penge har jeg?*   a+b Jeg tæller, hvor mange penge jeg har.

5. a. Jeg spørger jer.
   b. *Hvis er pengene?*   a+b Jeg spørger jer, hvis pengene er.

6. a. Vi forstår Dem.
   b. *Hvad siger De?*   a+b Vi forstår, hvad De siger.

7. a. Han spørger mig.
   b. *Hvorfor vil du ikke?*   a+b . . .

8. a. Vi forstår det.
   b. *Hvad vil De?*   a+b . . .

9. a. Han spørger mig.
   b. *Kan du?*   a+b Han spørger mig, om jeg kan.

10. a. De siger det.
    b. Han kan ikke.   a+b De siger, at han ikke kan.

11. a. Han svarer jer.
    b. Han vil ikke.   a+b Han svarer jer, at han ikke vil.

12. a. Han spørger jer.
    b. *Kan I bruge kniven?*   a+b Han spørger jer, om I kan bruge kniven.

13. a. I spørger mig.
    b. *Hvornår kommer jeg?*   a+b I spørger mig, hvornår jeg kommer.

14. a. . . .
    b. . . .   a+b De forstår, at jeg ikke kommer.

15. a. Søren spørger Inge.
    b. ...   a+b Søren spørger Inge, om hun skal i seng.

16. a. Rikard svarer hende.
    b. ...   a+b Rikard svarer hende, at han ikke vil.

Ø Brug ordene: **om, at, hvis**

Rikard beder Karen, ____ hun vil give ham smørret.
Karen svarer ham, ____ det vil hun gerne.
Karen spørger Søren og Inge, ____ de vil have kaffe.
Søren siger, ____ han gerne vil have cornflakes og mælk.
Jacob spørger hende, ____ hun vil give ham en kop kaffe.
Søren spørger hende, ____ han må bede om et glas mælk.
Karen spørger Rikard, ____ han også vil have et stykke brød.
Han svarer, ____ det vil han gerne.
Søren beder sin mor, ____ hun vil skære ham et stykke brød.
Inge beder Rikard, ____ han vil give hende smørret.
Karen spørger dem, ____ de vil have et stykke brød til.
De andre siger, ____ det vil de gerne.
De siger, ____ de gerne vil have en kop kaffe.
____ *du har et æble, og jeg giver dig et til, hvor mange har du så?*
____ du åbner døren, bliver der koldt i stuen.
____ Slagelse er mindre end København, er den også mindre end New York.
Du kan læse denne bog, ____ du forstår dansk.

[nye ord] at.

73

39. Stykke niogtredive

Dette her er en fabrik.
Hver morgen, når klokken er syv, kommer der 200 mænd og kvinder for at arbejde på fabrikken. Nogle kommer på cykel, andre kommer med bus eller i bil.
»Dav,« siger de, når de ser hinanden. »Dav« er det samme som goddag. Man siger »Dav« til mennesker, man kender godt.
Så går de ind i fabrikken.

De arbejder fra klokken syv til klokken ni, så drikker de kaffe i et kvarter. De arbejder igen, til klokken er tolv, så har de en halv time til at spise frokost. I nogle fabrikker er der et cafeteria hvor man kan købe mad, så behøver man ikke at tage mad med hjemmefra. Man arbejder igen, til klokken er fire. Så går alle hjem.
I danske fabrikker arbejder man fyrre timer om ugen.

Ø ___ morgen, når klokken er ___, kommer 200 mænd og kvinder til ___ for at ___.
Nogle kommer på ___, andre kommer i ___ og nogle kommer i ___.
De siger »Dav« til ___. »Dav« er det samme som ___.
De går ___ i fabrikken. De ___ fra klokken syv til ni.
Så ___ de kaffe i et ___. De ___ igen til ___ tolv, så spiser de ___.
I nogle fabrikker er der et ___, hvor man kan købe ___.
Så ___ man ikke at tage mad med ___.
Klokken fire går alle ___. De arbejder ___ timer om ___.

Hvor mange mennesker arbejder på fabrikken?
Hvor mange timer arbejder de om ugen?
Hvornår kommer de om morgenen?
Hvornår går de hjem?
Hvornår drikker de kaffe?
Hvornår spiser de frokost?
Hvor kan de købe mad?
Hvordan kommer de til fabrikken?
Hvor lang tid har de til at spise frokost?

fabrik, arbejde, cykel, cafeteria, behøver.

40. Stykke fyrre

SØREN: *Hvad har jeg i hånden, Rikard?*
RIKARD: Du har vel nogle penge.
SØREN: *Ja, men hvor mange har jeg?*
RIKARD: Det ved jeg ikke; jeg kan jo ikke se dem.
SØREN: Så kan du gætte.
RIKARD: Du har én krone. Små drenge har ikke mange penge.
SØREN: Nej.
RIKARD: Du har to kroner.
SØREN: Nej.
RIKARD: Jeg kan ikke gætte det.
SØREN: Jeg har to og en halv krone.
RIKARD: Det er ikke sandt; der er 2,55 kr.
SØREN: Lad os tælle dem. En krone og en krone er to kroner, og en femogtyveøre og to tiører og to femører. Jo, det er sandt, hvad du siger; der er 2,55 kr.
RIKARD: *Hvad skal du bruge pengene til, Søren?*
SØREN: Det ved jeg ikke.

Ø   1. Du kan gætte det.

                            a. *Kan du gætte det?*
                            b. *Du kan gætte det, ikke sandt?*
                            c. *Kan du ikke gætte det?*
                            d. *Du kan ikke gætte det, vel?*

Fortsæt selv. Lav spørgsmål på samme måde:

2. Rikard ved det.
3. Søren tæller pengene.
4. Du forstår engelsk.
5. Han lægger bogen på bordet.
6. Du må gerne gå.
7. Hun vil have kaffe.
8. Jacob tager smørret.
9. Karen skærer nogle stykker brød af.
10. Mor siger velbekomme.
11. Far giver mig en femmer.
12. Han er amerikaner.
13. Inge giver ham halvanden krone.
14. Kronen er lavet af hvidt metal.
15. Tieren er lavet af papir.
16. I har mange småpenge.
17. De andre er i stuen.
18. Stuen er lidt større end køkkenet.
19. Jacob kører vognen.
20. Skiltet viser vej til Løve.
21. Manden kommer nu.

nye ord   gætte, sandt, lad, os, ved, vel.

41. Stykke enogfyrre

Her er et hus med to store vinduer og en dør i midten. Huset er en butik.

Over døren hænger der en stor kringle. Kringlen er lavet af metal og er et skilt. Når man ser sådan et skilt, ved man, at det er en bagerbutik, og hvis man ser ind ad vinduerne, kan man se brødet ligge derinde.

Bageren bager brød og sælger det i butikken; der er både mørkt brød og lyst brød. Det mørke brød er lavet af rug, og det lyse brød er lavet af hvede. Mørkt brød hedder rugbrød, og lyst brød hedder franskbrød.

Når bagerens skilt er en kringle, er det, fordi den siger folk, at bageren også bager kager; for en kringle er en kage.

Når man går ind i bagerens butik, går man hen til disken. En disk er et bord i en butik. Der står bageren, og han siger til Dem:
»Hvad ønsker De?
»Jeg vil gerne have et halvt rugbrød og et lille franskbrød.«
»Ja tak«, siger bageren, »er der andet?«
»Ja tak«, siger De, »jeg vil også gerne have fire stykker wienerbrød.«
»Ingen kager i dag?«
»Nej tak. Hvor meget bliver det?«
»Lad mig se:

Wienerbrød	kr.	6,00
Rugbrød	kr.	3,50
Franskbrød	kr.	1,75
det bliver i alt	kr.	11,25

»Værsgo, her er tolv kroner.«
»Tak, så skal De have femoghalvfjerds øre igen; værsgo.«
»Tak, farvel.«
»Farvel – og tak.«

De fleste mennesker arbejder om dagen, men nogle mennesker arbejder om natten. En bager arbejder om natten. Han begynder at bage kl. 3, så folk kan få deres morgenbrød, før de selv begynder at arbejde. Butikken er åben allerede kl. 6 og lukker først kl. halv seks om eftermiddagen.

Der kommer mange folk i bagerens butik om morgenen; de køber morgenbrød. Der kommer mange folk igen om eftermiddagen. Så køber de wienerbrød og kager til eftermiddagskaffen.

Bageren har også andre varer i butikken end brød og kager. Man kan også købe chokolade, mælk, smør og kaffe hos ham.
Der bor en bager i Løve. Søren og Rikard går hen til ham hver dag for at købe brød.

Ø
Huset har to vinduer og en dør i ____. Huset er en ____.
Over døren hænger der et ____; skiltet er en ____.
En kringle er en ____, men skiltet er lavet af ____.
Når man ser ____ et skilt, ____ man, at butikken er en ____.
Hvis man ser ind ad vinduerne, kan man se ____ ligge derinde.
Noget brød er mørkt, og ____ brød er lyst.
Det mørke brød hedder også ____, og det lyse brød hedder også ____.
En ____ er et bord i en butik.
Hvad siger bageren, ____ man kommer ind? Han siger: »Hvad ____ De?«
De fleste mennesker ____ om dagen. ____ mennesker arbejder om natten.
Hvornår arbejder bageren? Han ____ om natten.
Butikken er ____ fra kl. 6 til kl. 17.30. Butikken ____ kl. 17.30.
Brød, mælk, smør og chokolade er de ____, man kan købe i butikken.
Hvad sælger bageren? Han sælger sine ____.
Når De går til bageren om morgenen, er han i butikken; han er der ____ kl. 3.
Hvad kan man købe ____ ham? Man kan købe ____.
Jeg vil gerne have et brød, men ____ kager.

Hvad	siger køber sælger bager taler	De du bageren folk i butikken vi I Søren og Rikard	?

Brug ordene: **ad, af**

Skiltet er lavet ____ metal.
Søren ser ind ____ vinduet.
Han går hen ____ vejen.
Han tager hatten ____.
Karen skærer et stykke brød ____.
En krone er lavet ____ hvidt metal.
Han går ud ____ døren.
Der er ingen ____ os, som ved det.

Er der nogen mennesker i butikken? Nej, der er ____.
Har du nogen æbler? Nej, jeg har ____.
Hvem har en 25 øre? Det er der ____ af os, der har.
____ mennesker ved alt.
Der er ____ disk i et køkken; der er et bord.
Kommer der nogen ind ad døren? Nej, der kommer ____.

butik, kringle, sådan, bagerbutik, derinde, bager, sælger, rug, hvede, rugbrød, franskbrød, kager, disk, ønsker, wienerbrød, igen, arbejder, begynder, folk, morgenbrød, selv, allerede, varer, chokolade, hos, hver, købe, ad, meget, farvel, ingen, hænger.

42. Stykke toogfyrre

1. *Hvem er det? Er det Inge?* Nej, det er det ikke; det er ikke hende.
   Hvem er det så? Er det Søren? Ja, det er, det er ham.

2. *Hvem er det? Er det Rikard?* Nej, det er det ikke; det er ikke ham.
   Hvem er det så? Er det Inge? Ja, det er, det er hende.

3. *Hvem er det? Er det jer?* Nej, det er det ikke, det er ikke os.
   Hvem er det så? Er det Søren og Inge? Ja, det er, det er dem.

4. *Hvem er det? Er det Dem?* Nej, det er det ikke, det er ikke mig.
   Hvem er det så? Er det Jacob? Ja, det er, det er ham.

5. *Hvem er det? Er det Deres bror?* Nej, det er det ikke, det er ikke min bror.
   Hvem er det så? Er det hr. Olivera? Ja, det er, det er ham.

6. *Hvem er det? Er det hr. Hansen?* Nej, det er det ikke, det er ikke ham.
   Hvem er det så? Er det frk. Nielsen? Ja, det er, det er hende.

7. *Hvem er det? Er det dig?* Nej, det er det ikke, det er ikke mig.
   Hvem er det så? Er det Rikard? Ja, det er, det er ham.

8. *Hvem er det? Er det mig?* Nej, det er det ikke, det er ikke dig.
   Hvem er det så? Er det Torben og Lise? Ja, det er, det er dem.

9. *Hvem er det? Er det Søren og Rikard?* Nej, det er det ikke, det er ikke dem.
   Hvem er det så? Er det jer? Ja, det er os.

43. Stykke treogfyrre

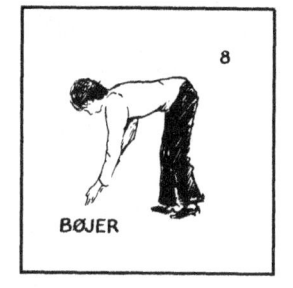

[Billeder 4-9: SER, FRISERER, BARBERER, KLÆDER, BØJER, SÆTTER]

Lav selv sætninger:

Søren Inge Jeg Du Han Hun De Hvem	rejser skynder vasker ser friserer barberer klæder bøjer sætter	sig mig dig Dem	op i sengen. ud i badeværelset. i kummen. i spejlet. med kammen. med barbermaskinen. på. ned. ved bordet.

Ø Om morgenen rejser jeg (du, hun, han, I, vi, De, de) ____ op i sengen.
Jeg (du, han . . .) skynder ____ ud i badeværelset.
Der vasker jeg (du, han . . .) ____ i kummen og ser ____ i spejlet.
Så friserer jeg (du . . .) ____ med en kam og barberer ____ med en barbermaskine.
Så skynder jeg (du, han . . .) ____ ind i soveværelset og klæder ____ på.
Jeg (du, han . . .) bøjer ____ ned for at tage sko på.
Så skynder jeg (du, han . . .) ____ ind i spisestuen og sætter ____ ved bordet for at spise.

?
!

Hvem	vil kan skal	rejse skynde vaske se frisere barbere klæde bøje sætte	sig	op i sengen ud i badeværelset i kummen i spejlet med kammen med barbermaskinen på ned for at tage sine sko på ved bordet	?	Det	vil kan skal	jeg. du. han. hun. vi. I. De. de. Søren. Inge.

6 Lær at tale dansk

Hun vasker sig.

Hun vasker hende.

nye ord rejser, skynder, vasker, friserer, barberer, barbermaskine, spejl, klæder, bøjer, sko, kumme, sætter, sætning.

44. Stykke fireogfyrre

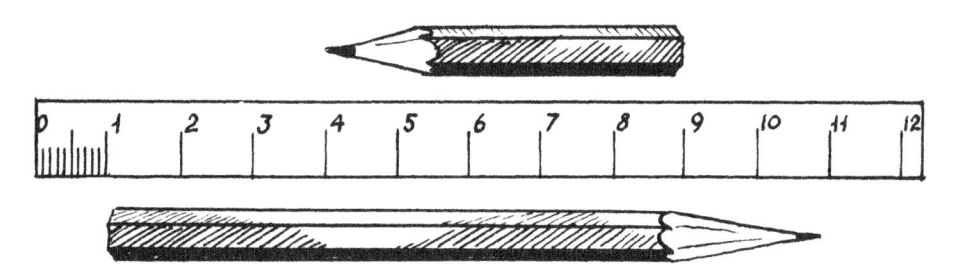

Her er to blyanter. Den ene blyant er kort, den anden blyant er lang.
Hvor lange er de to blyanter?
– Den korte blyant er 5 centimeter lang. Den lange blyant er 10 centimeter lang. 10 centimeter er dobbelt så meget som 5 centimeter. Den lange blyant er dobbelt så lang som den korte. *Hvad er det dobbelte af 2 centimeter?*
– Det er 4 centimeter.
Hvad er det dobbelte af 10 centimeter?
– Det er 20 centimeter.

Der går 100 cm (centimeter) på en meter. En meter er 100 gange så lang som en centimeter. En kilometer er 1000 gange så lang som en meter. En centimeter er en hundrededel af en meter. En meter er en tusindedel af en kilometer.

Inge er 1,40 meter (en meter og fyrre) høj. Søren er 1,60 m (en meter og tres) høj. Rikard er 1,75 m (en meter og femoghalvfjerds) høj. Søren er 20 centimeter højere end Inge, og Rikard er 15 centimeter højere end Søren. Rikard er den højeste.
Hvor meget er Rikard højere end Inge?
– Han er 35 centimeter højere end Inge.

Hvor meget er den lange blyant længere end den korte?
– Den er 5 centimeter længere.
Den længste blyant er 10 centimeter lang. Den korteste er 5 centimeter lang.
Den længste af de to blyanter er 10 centimeter lang. Den korteste af dem er kun 5 centimeter.

Her er en terning. Den er 1 cm lang, 1 cm høj og 1 cm bred.
Hvor bred og hvor lang er denne bog?
– Den er ___ cm bred og ___ cm lang.
Hver side på terningen er 1 cm² – en kvadratcentimeter.
Terningen er 1 cm³ – en kubikcentimeter. Der går 1000 kubikcentimeter på en liter. Hvor mange kubikcentimeter er en halv liter? Det er ___ cm³.

Jeg drikker 1 l (en liter) mælk hver dag. *Kan du regne ud, hvor mange liter jeg drikker på tredive dage?*
– Ja, det kan jeg; du drikker 30 l.

En mand er 1,90 m høj, og hans datter er 90 cm mindre. *Kan du regne ud, hvor høj hun er?*
– Ja, det kan jeg; hun er 1 m.
Kan du regne?
– Ja, det kan du jo se, jeg kan.

Der er 100 km fra København til Korsør, men der er seks gange så langt til Stockholm. *Kan du regne ud, hvor langt der er fra København til Stockholm?*

Hvad bruger man en blyant til?
– Man skriver med en blyant.
Hvad bruger man en bog til?
– Man læser den.
Kan du skrive, læse og regne?
– Ja, det kan alle børn i Danmark. De går i skole, og i skolen lærer de at læse, skrive og regne.

De skal gå i skole, fra de er syv år, til de er femten år; men de fleste børn går i skole, til de er 16 eller 17 år.

Søren og Inge går i skole i Løve. Der er kun syv klasser i skolen i Løve. Inge går i fjerde klasse, og Søren går i sjette klasse. Når Søren er fjorten år, går han ud af syvende klasse. og skal så gå i skole i en anden by, til han er 17 år.

Ø
Den ene blyant er ___, den anden er ___.
Hvor lang er den korte blyant? Den er ___ ___ lang.
Hvor lang er den lange blyant? Den er ___ ___ lang.
Den lange blyant er ___ så lang som den korte. Dobbelt så lang er ___ gange så lang.
Det ___ af 5 centimer er 10 centimeter.
Hvad er en tusindedel af en kilometer? Det er ___ meter.
Hvad er en hundrededel af en kilometer? Det er ___ meter.
Søren er 20 cm ___ end Inge. Rikard er 15 cm ___ end Søren.
Hvem er den ___? Det er Rikard.
Hvilken blyant er den længste? Det er den lange, den er 5 cm ___ end den korte.
Denne terning er 5 cm lang, 5 cm høj og 5 cm ___.

① høj højere højest
② kort ___ ___
③ lang. længere ___
④ lys ___ ___
⑤ mørk ___ ___
⑥ bred ___ ___

Rikard er ikke ① end Jacob Nielsen.
Om vinteren er dagene ② end om sommeren.
Om sommeren er dagene ③ end om vinteren.
Om sommeren har vi ④ nætter, om vinteren har vi ⑤ nætter.
Vinduet er ⑥ end døren. *Hvilket af vinduerne er det ⑥?*
Der er dobbelt så ③ fra København til Kolding som fra København til Korsør.
Hvem er den ①, Inge, Rikard eller Torben? Rikard er den ①.
Hvis blyant er den ②? Det er min.
Hvis hånd er den ⑥? Det er din.
Hvilken klasse er den ① i Løve skole? Det er 7. klasse.
Hvilken blyant er den ③? Det er den lange.
Hvem er ①? Det er Torben.
Hvad er ④, en dag eller en nat? Det er en dag.
Hvad er ④, gult eller sort? Det er gult.
Hvad er ⑥, en sofa eller en seng? Det er en seng.
Hvad er ③, en hånd eller en arm? Det er en arm.

Man kan lave nye ord ved at sætte ord sammen:

rug + brød = rugbrød   aften + mad = aftensmad   stol + ben = stoleben

vej + skilt   skib + side   mælk + flaske
bager + butik   land + by   land + vej
flaske + hals   butik + pige
sommer + nat   middag + mad
dansk + time   forår + dag
telefon + boks   efterår + dag
dame + hat   måned + dag
køkken + stol   søndag + middag
land + mand   eftermiddag + kaffe
mor + mor
far + mor

centimeter, blyant, dobbelt, meter, gange, hundrededel, tusindedel, høj, højere, højest, længere, længst, kortere, kortest, terning, bred, kubikcentimeter, liter, regne, skriver, læser, skole, klasse, sammen.

45. Stykke femogfyrre

Mennesker spiser, dyr æder. Dyr æder planter og andre dyr. Mennesker spiser planter og dyr. Vi bor på jorden, og jorden giver os næsten alt, hvad vi spiser.

Træer er planter, og nogle træer har frugter, som vi spiser. Et æble er en frugt. Æbler er frugt af æbletræer.

Vi laver brød af korn. Vi laver rugbrød af rug og franskbrød af hvede. Rug og hvede er planter. Frugterne af rug og hvede hedder kærner, og det er kærnerne, vi laver brød af.

Græs er også en plante. Køer æder græs om sommeren, og korn og roer om vinteren. Om vinteren er køerne i hus, om sommeren er de ude på marken.

Planterne gror på jorden. Træer er høje planter; græs og roer er lave planter. Det er ikke alle planter, mennesker kan spise. Men vi kan spise frugterne af mange planter.

De planter, som vi kan spise, og de planter, som vi kan spise frugterne af, sætter vi i jorden, hvor vi bor. Vi siger, at vi dyrker jorden, eller at vi dyrker planterne.

Et stykke jord, som vi dyrker, er en mark eller en have. Og de mænd, som dyrker markerne hedder landmænd eller bønder.

Landmanden har rug på én mark, hvede på en anden mark, roer på en tredje, græs på en fjerde og så videre. Rundt om gården har han en have, hvor han har frugttræer og blomster. Alle gårde og huse på landet har en have.

Når landmanden dyrker jorden, får han mere korn og flere frugter, end han bruger til sig selv og sine dyr. Han kan altså sælge det, som han ikke selv bruger, og få penge for det. Han tjener penge ved at dyrke jorden.

Nogle landmænd dyrker kun korn, andre dyrker kun frugt, og atter andre holder dyr.

Nogle landmænd holder køer for at sælge mælken, men andre holder køer og svin for at sælge kødet. Når vi spiser et dyr, spiser vi kødet. Kødet af en ko hedder oksekød. Fra et svin får vi svinekød eller flæsk.

Hver morgen kører mælkebilen gennem Løve. Den kører fra gård til gård og henter mælken. Mælkebilen kører til mejeriet. Der kommer mange mælkebiler til mejeriet. Her laver man smør og ost af mælken. Folk kan købe mælk, smør og ost i en butik i mejeriet.

Mejeriet laver meget smør og meget ost hver dag, og det meste af smørret og osten sælger de til folk, som bor i byerne, eller til folk i andre lande. Der kommer hver dag en stor lastbil og henter smør og ost.

Danske landmænd sælger smør og ost, kød og flæsk til mange lande, for eksempel England, Tyskland og USA.

Ø

Vi siger, at mennesker spiser, men at dyr ____. Dyr ____ planter og andre dyr.
Et træ er en ____. Et æbletræ er en ____. Roer er ____. Køer æder ____.
Om sommeren ____ køerne græs på ____. Om vinteren er de i hus og æder ____ og ____.
Rug og hvede er planter; frugterne af rug og hvede hedder ____.
Af kærnerne laver vi ____.
Mennesker spiser ____ af mange planter, men det er ikke alle ____, vi kan spise.
Vi ____ jorden. En mark er et stykke dyrket ____.
Der er en ____ rundt om alle gårde og huse på landet.
En landmand er en mand, ____ dyrker jorden. En landmand kaldes også en ____.
Hvilke planter har man i en have? Man har ____ og ____.
Landmanden dyrker ____ korn og ____ frugter, end han selv bruger.
Hvad han ikke ____, sælger han til andre mennesker eller til andre lande.
Så får han ____ for det. Han ____ penge ved at dyrke jorden.
____ landmænd dyrker kun korn, ____ dyrker kun ____.
Nogle landmænd ____ køer for at sælge mælken, andre holder dyr for at sælge ____.
Oksekød er kød af en ____. Flæsk er kød af et ____.
Mælkebilen ____ mælken på gårdene. Den kører til ____ med mælken.
På mejeriet laver de smør og ____ af mælken.
Der kommer en stor ____ og henter smør og ost hver dag.
Der er en butik på mejeriet, ____ folk kan købe smør, ost og mælk.
Danske landmænd sælger smør, ost og kød til ____ lande.

Ø

Brug ordene: **som, hvor**

Et mejeri er et hus, ____ man laver smør og ost af mælken.
En mælkebil er en lastbil, ____ henter mælken på gårdene og kører den til mejeriet.
Græs er en plante, ____ køerne kan æde.
Æbler er frugter, ____ mennesker kan spise.
Et stykke jord, ____ vi dyrker, er en mark.
En landmand er en mand, ____ dyrker jorden.
En have er et stykke jord, ____ man har træer og blomster.
Et æbletræ er en plante, ____ vi kan spise frugterne af.
Folk, ____ bor i Løve, køber mælk på mejeriet.
En blyant er en ting, ____ man kan skrive med.
Et spejl er en ting, ____ man kan spejle sig i.

Ø

Sæt **meget** eller **mange** foran disse ord:

– frugter, – mælk, – æbler, – vand, – planter, – brød, – korn, – oksekød, – flæsk, – dyr, – smør, – ost, – mennesker, – ting, – jord, – folk, – meter, – senge, – sko, – rug.

Brug ordene: **mange, flere, flest – meget, mere, mest.**

Det koster ____ penge at købe en gård.
Det koster ____ penge at købe en stor gård end en lille gård.
Hvem har ____ penge, Søren eller Inge? Det har Søren.
Jacob Nielsen dyrker ____ korn.
Der er ____ kød på en ko end på et svin.
En ko giver ____ mælk, når den æder ____ græs.
Hvor ____ korn æder en ko på en vinter? Det ved jeg ikke.
De ____ mennesker spiser ____ frugt.
Hvem spiser ____, Torben eller Inge? Det gør Torben.
Han sælger det ____ af kornet. En ko æder ____ korn end et svin.

æder, planter, jord, træ, frugt, æbletræ, hvede, kærne, græs, roe, mark, gror, lav, dyrke, have, landmand, bønder, frugttræer, blomster, meget, mere, mest, tjene, holde, svin, kød, oksekød, flæsk, svinekød, ost, henter, spand, mejeri, lastbil, for eksempel, foran, atter.

46. Stykke seksogfyrre

Der ligger en mølle i Løve.

Manden i møllen hedder en møller. Han køber kornet af bønderne og maler det på møllen. Han maler kornet til mel og sælger melet til bageren, som bager brød af det.

Når møllen går, maler den korn til mel. Møllen går, når vinden blæser. I Danmark blæser vinden næsten hver dag.

Mølleren maler også det korn, som bønderne giver deres dyr at æde.

Den, der kommer først til mølle, får først malet.

Hvor ligger der en mølle? Hvad kaldes manden i møllen?
Hvem køber han kornet af? Hvad gør han med kornet?
Hvad bliver kornet til, når han maler det? Hvem sælger han melet til?
Hvornår går møllen? Blæser vinden hver dag?
Hvem får først malet?

mølle, møller, male, mel, vind, blæse, næsten.

47. Stykke syvogfyrre

Det er en tang.
Hvad er den lavet af?
Den er lavet af jern.

Det er to tænger.
Hvad er de lavet af?
De er lavet af jern.

Det er en stol.
Hvad er den lavet af?
Den er lavet af træ.

Det er to stole.
Hvad er de lavet af?
De er lavet af træ.

Det er en vase.
Hvad er den lavet af?
Den er lavet af glas.

Det er to vaser.
Hvad er de lavet af?
De er lavet af glas.

Det er en bog.
Hvad er den lavet af?
Den er lavet af papir.

Det er to bøger.
Hvad er de lavet af?
De er lavet af papir.

Det er en hammer.
Hvad er den lavet af?
Den er lavet af jern og træ.

Det er to hamre.
Hvad er de lavet af?
De er lavet af jern og træ.

Det er en ring.
Hvad er den lavet af?
Den er lavet af guld.

Det er to ringe.
Hvad er de lavet af?
De er lavet af guld.

Det er en arm-ring.
Hvad er den lavet af?
Den er lavet af sølv.

Det er to arm-ringe.
Hvad er de' lavet af?
De er lavet af sølv.

Guld er et metal. *Hvad farve har det?* Det er gult.
Sølv er også et metal. *Hvad farve har det?* Det er hvidt.
Guld og sølv og jern er metaller.

Hvad farve har guld?
Hvad farve har sølv?
Hvad laver man af guld?
Hvad laver man af sølv?
Hvad laver man af jern?

nye ord   tang – tænger, vase, glas, guld, sølv, ring, farve.

48. Stykke otteogfyrre

Se på dit ur og sig mig, hvad klokken er.
– Den er 1.

Nej, det er ikke rigtigt.
Den er 2; *ikke sandt, Søren?*

– Jo, den er, den er 2 nu.

Klokken er 2 nu, og det er eftermiddag.
Det var middag klokken 12, og før klokken
12 var det formiddag.

Hvilken dag i ugen er det?
– Det er onsdag.

Det er rigtigt; det er onsdag i dag. Tirsdag kommer før onsdag. *Hvilken dag var det så i går?*

– Det var tirsdag.

Det er rigtigt. Det var tirsdag i går; det er onsdag i dag, og det er torsdag i morgen. I forgårs var det mandag, og i overmorgen er det fredag.

I forgårs er dagen før i går, og i overmorgen er dagen efter i morgen.

Når jeg kommer hjem fra skole, er klokken 2. Klokken var 2, da jeg kom hjem fra skole i går.

89

Dialoger:

1.
A. *Hvor var du i går, Søren?*
B. Klokken 6 lå jeg i min seng og sov. Klokken 7 stod jeg i badeværelset og vaskede mig. Klokken 8 cyklede jeg til skole. Klokken 9 sad jeg i klassen. Klokken 10 legede jeg på legepladsen. Klokken 11 spiste jeg frokost. Klokken 12 spillede jeg fodbold. Klokken 1 sad jeg i klassen igen og læste engelsk. Klokken 2 cyklede jeg hjem fra skole. Klokken 3 drak jeg te. Klokken 4 læste jeg lektier i mit værelse. Klokken 5 arbejdede jeg i haven.

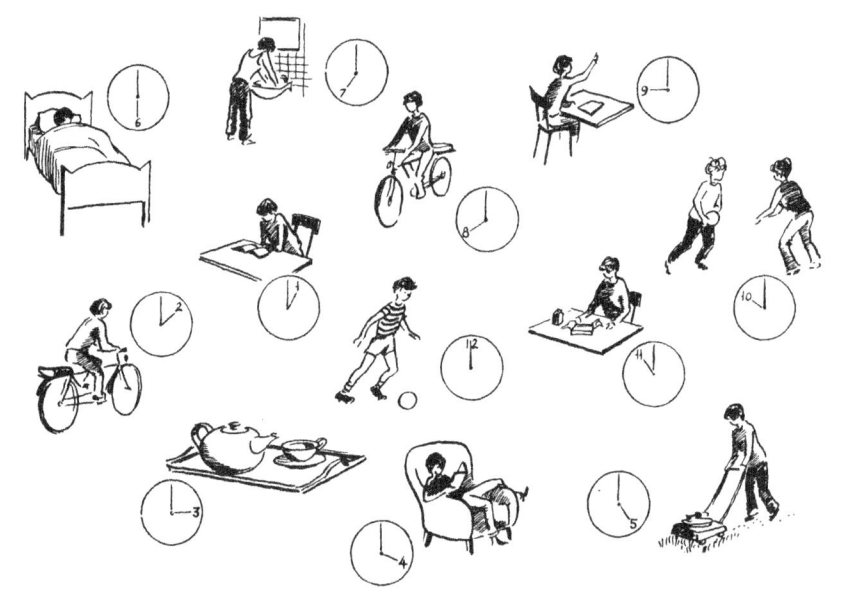

2.
A. *Hvor skal du være i morgen, Søren?*
B. Klokken 6 ligger jeg i min seng og sover. Klokken 7 står jeg i badeværelset og vasker mig. Klokken 8 cykler jeg til skole. Klokken 9 sidder jeg i klassen. Klokken 10 leger jeg på legepladsen. Klokken 11 spiser jeg frokost. Klokken 12 spiller jeg fodbold. Klokken 1 sidder jeg i klassen igen og læser engelsk. Klokken 2 cykler jeg hjem fra skole. Klokken 3 drikker jeg te. Klokken 4 læser jeg lektier i mit værelse. Klokken 5 arbejder jeg i haven.

3.
A. *Hvad er klokken nu?*
B. Den er 1.
A. *Hvad gør du nu?*
B. Jeg sidder i klassen og læser engelsk.
A. *Hvad gjorde du klokken 12? Hvad gjorde du klokken 11? Hvad gjorde du klokken 10? Hvad gjorde du klokken ___?*
B. Klokken 12 spillede jeg fodbold. Klokken 11 spiste jeg frokost. Klokken 10 legede jeg på legepladsen. Klokken 9 sad jeg i klassen. Klokken 8 cyklede jeg til skole. Klokken 7 stod jeg i badeværelset og vaskede mig. Klokken 6 lå jeg i min seng og sov.
A. *Hvad skal du klokken 2?*
B. Klokken 2 skal jeg hjem fra skole. Klokken 3 skal jeg drikke te. Klokken 4 skal jeg læse lektier. Klokken 5 skal jeg arbejde i haven.

4.
A. *Hvad bestiller Søren klokken 6?*
   Hvad bestiller Søren klokken 7?
   Hvad bestiller Søren . . . . .?
   Hvad . . . . .
   . . . . .

B. Søren ligger i sin seng og sover.
   Søren står i badeværelset og vasker sig.
   Søren cykler til skole.
   Søren . . . . .
   . . . . .

5.
A. *Hvad skal Søren bestille klokken 7?*
   Hvad skal Søren . . . . .

B. Han skal stå i badeværelset og vaske sig.
   Han skal cykle til skole
   Han skal sidde i klasseværelset.
   Han skal lege på legepladsen.
   Han skal spise frokost.
   Han skal spille fodbold.
   Han skal sidde i klasseværelset og læse engelsk.

6.
A. *Hvad bestilte Søren i går?*
   . . . . .

B. Han lå i sin seng og sov klokken 6.
   Han . . . . .

7.
A. *Hvad skal du bestille i overmorgen?*
   . . . . .

B. Jeg skal ligge i min seng og sove klokken 6.
   Jeg skal . . . . .

Brug ordene: **da, når**

___ han kom hjem, lå jeg i sengen.
Han besøgte altid mormor, ___ han kom til byen.
Han stod i døren, ___ jeg kom.
Han lå i sin seng, ___ klokken var 6.
Jeg skal drikke te, ___ jeg kommer hjem fra skole.
Jeg sad og læste engelsk, ___ læreren kom ind.
Jeg spiser frokost, ___ klokken er 12.
Mor lavede altid mad, ___ jeg kom hjem.
Hvem lærte dig engelsk, ___ du gik i skole? Det gjorde hr. Smith.
Jeg kan kun se ind i huset, ___ jeg åbner vinduet.

	i dag	i går
at stå	jeg står	jeg stod
at –	jeg –	jeg lå
at cykle	jeg –	jeg –
at –	jeg spiser	jeg –
at –	jeg –	jeg vaskede
at spille	jeg –	jeg –
at sidde	jeg –	jeg –
at gøre	jeg –	jeg –
at være	jeg –	jeg –
at –	jeg bestiller	jeg –
at –	jeg læser	jeg –
at sove	jeg –	jeg –
at arbejde	jeg –	jeg –

rigtigt, nu, var, i går, i morgen, i forgårs, i overmorgen, står–stod, vaskede, cykler–cyklede, leger–legede, spiser–spiste, fodbold, legepladsen, sidder–sad, klasseværelset, læser–læste, drikker–drak, arbejder–arbejdede, lektier, hjem, gør–gjorde, bestiller–bestilte, være, ligger–lå, da.

49. Stykke niogfyrre

HVAD SKAL DU – ?

	formiddag	eftermiddag	aften
søndag	(gå) i kirke	cykle en tur	besøge mormor
mandag	(gå) i skole	arbejde i haven	(gå) i bad
tirsdag	skrive på maskine	(tage) til byen	læse
onsdag	køre i bil	gå i butikker	spille kort
torsdag	sælge mælk	tale engelsk	høre radio
fredag	spille fodbold	drikke te hos Lise	skrive breve
lørdag	vaske	lave mad	gå i biografen

Dialoger

1.
A. *Hvad skal du på søndag?*
B. Om formiddagen skal jeg i kirke, om eftermiddagen skal jeg cykle en tur, om aftenen skal jeg besøge mormor.

A. *Hvad skal du på mandag?*
B. Om formiddagen skal jeg i skole, om eftermiddagen skal jeg arbejde i haven, om aftenen skal jeg i bad.

A. *Hvad skal du på tirsdag? – onsdag? – torsdag? – fredag? – og lørdag?*
B. Om formiddagen skal jeg skrive på maskine, om eftermiddagen skal jeg . . . .

2.
A. *Hvad lavede du i søndags?*
B. Om formiddagen gik jeg i kirke, om eftermiddagen cyklede jeg en tur, om aftenen besøgte jeg mormor.

A. *Hvad lavede du i mandags? – tirsdags? – onsdags? – torsdags? – fredags? – lørdags?*

B. Mandag formiddag var jeg i skole, mandag eftermiddag arbejdede jeg i haven, mandag aften gik jeg i bad.

Tirsdag formiddag skrev jeg på maskine, tirsdag eftermiddag tog jeg til byen, tirsdag aften læste jeg.

Onsdag formiddag kørte jeg i bil, onsdag eftermiddag gik jeg i butikker, onsdag aften spillede jeg kort.

Torsdag formiddag solgte jeg mælk, torsdag eftermiddag talte jeg engelsk, torsdag aften hørte jeg radio.

Fredag formiddag spillede jeg fodbold, fredag eftermiddag drak jeg te hos Lise, fredag aften skrev jeg breve.

Lørdag formiddag vaskede jeg, lørdag eftermiddag lavede jeg mad, lørdag aften gik jeg i biografen.

3.
A. *Hvad lavede du i formiddags?*
B. I formiddags gik jeg i kirke, i formiddags gik jeg i skole, i formiddags skrev jeg på maskine, i formiddags kørte jeg i bil, i formiddags solgte jeg mælk, i formiddags spillede jeg fodbold, i formiddags vaskede jeg.

A. *Hvad lavede du i eftermiddags? – i aftes?*
B. I eftermiddags cyklede jeg en tur. I eftermiddags . . . . .

4.
A. *Hvad skal du i formiddag? – i eftermiddag? – i aften?*
B. Jeg skal i kirke, jeg skal i skole, jeg skal skrive på maskine . . . .
   Jeg skal cykle en tur, jeg skal arbejde . . . .
   Jeg skal besøge mormor, jeg skal . . . . .

5.
A. *I dag er det onsdag, hvad laver du i dag, hvad lavede du i går, og hvad skal du lave i morgen?*
B. I dag til formiddag skal jeg køre i bil, i eftermiddag skal jeg gå i butikker, i aften skal jeg spille kort.

I går formiddags skrev jeg på maskine, i går eftermiddags tog jeg til byen, i går aftes læste jeg.

I morgen formiddag skal jeg sælge mælk, i morgen eftermiddag skal jeg tale engelsk, i morgen aften skal jeg høre radio.

I forgårs gik jeg i skole om formidagen, arbejdede i haven om eftermiddagen, og gik i bad om aftenen.

I overmorgen skal jeg spille fodbold om formiddagen, drikke te hos Lise om eftermiddagen, skrive breve om aftenen.

6.
A. *Hvad lavede du i sidste uge?*
Søndag formiddag . . ., søndag eftermiddag . . ., søndag aften . . ., tirsdag formiddag . . ., tirsdag eftermiddag . . .

7.
A. *Hvad skal du lave i næste uge?*
B. Om søndagen skal jeg i kirke om formiddagen, cykle en tur om eftermiddagen, besøge mormor om aftenen.
Om mandagen skal jeg . . . om formiddagen, . . . om eftermiddagen, . . . om aftenen.
Om tirsdagen . . .

kirke, tur, besøge, mormor, bad, maskine, kort, høre, radio, biografen.

50. Stykke halvtreds

Rikard boede hos Jacob og Karen i 6 uger. Hver morgen stod han op og spiste morgenmad sammen med familien. Allerede klokken 6 var han på benene, og når Søren og Lise gik i skole, gik han med Jacob ud i marken for at se til dyrene. Han hjalp til med at malke køerne og hente foder hjem til svinene. Han lærte at køre en traktor, og flere gange bad Jacob ham om at køre til møllen med nogle sække korn. Så snakkede han med mølleren, mens de malede hans korn.

Efter middagsmaden hjalp han Karen med at vaske op, og mens han gik i køkkenet og hjalp hende, lærte hun ham dansk. Når børnene kom hjem fra skole, drak de kaffe, og om eftermiddagen gik han i butikker med børnene eller Karen. Han lærte folk i byen at kende, og de inviterede ham til at komme og besøge sig. Om aftenen sad de i dagligstuen og så fjernsyn, hørte radio eller snakkede, og før han gik i seng, læste han danske bøger eller skrev breve.

Om søndagen gik hele familien i kirke. Rikard kunne ikke forstå alt, hvad præsten sagde, man han kunne synge og læse, hvad der stod i Bibelen. Søndag eftermiddag tog de somme tider bilen og kørte en tur.

»*Vil du med til Kalundborg?*« sagde Karen en dag til Rikard.
»Ja tak,« svarede Rikard, og så kørte de – Karen, Inge og Rikard.
»*Hvad skal vi lave i Kalundborg?*« spurgte Rikard, mens de sad i bilen.
»Vi skal ud at købe ind.«
»*Kan vi ikke gøre det i Løve?*«
»Nej, det kan vi ikke. Butikkerne i Løve er så små; så vi kan ikke få alle de ting, vi skal bruge. Vi skal ind i et supermarked.«
»*Hvad er et supermarked?*« spurgte Rikard.
»Det er en stor, stor butik, hvor man kan købe alt. Der er det.«
De holdt uden for en stor bygning med et skilt over døren, hvor der med store bogstaver stod SUPERMARKED. Der var mange biler, og folk gik ud og ind.
Karen, Inge og Rikard gik ind ad døren.

Der var også mange mennesker inde i supermarkedet. Folk gik fra sted til sted og tog ting ned fra hylderne og lagde dem i små vogne, som de skubbede foran sig.
»*Mor, har du husket sæbe?*« sagde Inge.
»Nej, det har jeg ikke, men kan du ikke tage tre stykker og lægge dem i vognen?«
Det gjorde Inge.
»*Har du nu fået alt, hvad du har skrevet op på din seddel, mor?*« spurgte Inge.
»Lad mig nu se. *Hvad står her?* Nu læser jeg op, hvad der står; så ser du efter, om det er i vognen. Fire liter mælk, kaffe, te, æbler, chokolade, corn-flakes, øl, smør, ost, oksekød, flæsk.«
»Der mangler smør.«
»Så gå lige hen og tag et halvt kilo, Inge.«
Det gjorde Inge, og så skubbede Rikard vognen hen til kassen, hvor de skulle betale for varerne.
»Det bliver 237,35 kr.« sagde damen ved kassen.
Karen gav damen pengene, og så kørte de vognen ud til bilen og lagde varerne ind i den.
»Så kører vi hjem,« sagde Karen.

Ø

Rikard ____ hos Jacob og Karen i 6 uger.
Han ____ op hver morgen og ____ morgenmad sammen med familien.
Han ____ på benene kl. 6. Han stod op ____ klokken 6.
Rikard ____ Jacob med at malke køerne og ____ foder til svinene.
Han ____ at køre traktor. Han ____ dansk af Karen.
Han ____ med mølleren, når mølleren ____ kornet.
Rikard ____ Karen med at vaske op.
Børnene ____ til skole klokken 8. Når de kom hjem, ____ de kaffe.
Om eftermiddagen ____ han i butikker med Karen.

Ø   Han ___ folk i byen at kende. De ___ ham hjem. Om aftenen ___ de i dagligstuen og ___ fjernsyn, ___ radio eller ___ danske bøger, eller ___ breve.
Om søndagen ___ familien i kirke. ___ familien var med
Rikard ___ ikke forstå, hvad præsten ___.
Karen, Inge og Rikard ___ til Kalundborg. De skulle købe ___ i et ___.
Et supermarked er en stor ___, hvor man kan købe ___, hvad man skal ___.
Over døren stod der med store ___ SUPERMARKED.
De ___ en lille vogn ___ sig, og i den lagde de ___.
Folk ___ ting ned fra ___ og lagde dem i en ___.
Karen havde en ___, hvor hun havde ___ de ting, hun ___ købe.
»Har du nu ___ alt?« spurgte Inge. Karen ___, hvad hun havde ___ på sin seddel.
Hvad manglede der? Der ___ smør, og Inge gik hen og tog det.
Så kørte Rikard vognen hen til ___, og Karen betalte for ___.

Ø   *Hvad bruger du en blyant til?*   Den bruger jeg til at skrive med.
         Hvad bruger du en hammer til?   Den bruger jeg til at slå søm i med.
         Hvad bruger du penge til?   Dem bruger jeg til at betale med,
                  når jeg køber noget.

Hvad bruger du sæbe til?   . . . . .
Hvad bruger du en kam til?   . . . . .
Hvad bruger du en seng til?   . . . . .
Hvad bruger du en kniv til?   . . . . .
Hvad bruger du en båd til?   . . . . .
Hvad bruger du en kop til?   . . . . .
Hvad bruger du en spand til?   . . . . .

Ø   Sæt **en** eller **et** foran disse ord. Sæt **-(e)n** eller **-(e)t** efter ordene;

præst	år	biograf
firkant	kirke	brev
skib	radio	fodbold
traktor	svin	skilt
sæk	butik	vej
æble	ko	værelse
spejl	liter	brød
mejeri	træ	græs
blomst	kvarter	stykke
metal	vindue	bygning
billede	supermarked	legeplads
korn	port	øvelse
dyr	sten	vind
bord	ting	mel
køkken	maskine	
skole	tur	

HVAD ER – ?
– foder? – en traktor? – Bibelen? – at kende? – at invitere?

allerede, hjalp, foder, hjem, traktor, bad, sække, snakkede, mens, kende, inviterede, præsten, Bibelen, supermarked, bygning, købe ind, sæbe, skrive op.

51. Stykke enoghalvtreds

Her er et brev. Det er til Jacob Nielsen. Det kan man se, for adressen står uden på konvolutten.

Adressen er skrevet på maskine, så man kan ikke se, hvem der har skrevet den.

```
Hr. Gårdejer Jacob Nielsen
"Vestergård"
4282 Løve
```

Det er posten, der kommer med breve til folk. Hver morgen går han ud fra posthuset med en taske fuld af breve. Han går fra hus til hus og giver folk deres breve.

Hvad er det modsatte af fuld? Det er tom.

Hvad er et frimærke? Det er en lille firkant af papir med et billede på. På mange danske firmærker er der et billede af dronningen. Man køber frimærker på posthuset og sætter dem på sine breve, så posten kan se, at man har betalt for dem.

Hvad koster det at sende et brev med posten?

Det koster 1,20 kr. inden for Danmark og 1,50 kr. hvis brevet skal uden for Danmark.

Nu har Jacob Nielsen åbnet sit brev og læser det.

Helsingør, den 3. oktober

Kære Jacob og Karen!

    Jeg vil gerne begynde dette brev med at sige tak. Jeg oplevede så mange ting, mens jeg boede hos jer, og I var så gode mod mig. Jeg er også meget glad for, at jeg må komme tilbage og besøge jer, inden jeg rejser hjem til mit eget land. Jeg skal nok komme.
    Da jeg kom til Høng, var toget kørt. Jeg gik så uden for stationen for at se, om der var en bil. Og det var der, så jeg kom til Slagelse på et kvarter og nåede eksprestoget til København. Toget skulle være ved Hovedbanegården kl. 13.35, men det var et kvarter forsinket, så vi var der ikke før 13.50.
    Tom stod på perronen, da toget kom ind, så han havde ventet i tyve minutter, men han sagde, at det gjorde ikke noget. Jeg sagde, at jeg skulle hilse fra jer, og han sagde tak. Jeg skal hilse igen. Der var en mængde mennesker på perronen, og det tog lang tid at komme derfra.
    Vi skyndte os op i restauranten, hvor vi fik en god kop kaffe og snakkede lidt. Der var også en mængde mennesker i restauranten, så det tog lang tid at få kaffen, og vi måtte skynde os at drikke den. Tom gik med mig ned på perronen og satte mig i det rigtige tog. Det var jeg glad for.
    Nu er jeg altså i Helsingør. Jeg har fået et godt værelse, hvor jeg kan se ud over havet, og mens jeg skriver dette brev, sidder jeg og ser på skibene og bådene ude på vandet. Sig til Søren, at jeg har set værftet. I morgen begynder arbejdet igen.

                                  Venlig hilsen
                                    Rikard

Jacob lægger brevet tilbage i konvolutten. Det er nok bedst, at Karen også får det at se. Han lægger brevet på bordet, så Karen kan finde det, når hun kommer ind, og så går han ud for at arbejde i marken igen.

Ø Brevet er ___ Jacob Nielsen. Det kan man se, for ___ står på konvolutten.
Adressen er ___ på maskine. Så man kan ikke se, hvem der har ___ den.
___ kommer med breve til folk. Han går ud fra ___ med en taske fuld af breve.
Fuld er det modsatte af ___.
Et ___ er en lille firkant af papir med et ___ af dronningen på.
Man sætter ___ på sine breve, så posten kan se, at man har ___ for brevet.
Det koster 1,20 kr. at sende et brev med posten ___ for Danmark.
Hvis brevet skal ___ for Danmark koster det noget ___ – 1,50 kr.
Det er Jacob Nielsens brev, og han har ___ det.
Brevet er ___ Rikard. Rikard har ___ så mange ting i Løve. Det er han ___ for.
Toget var ___, da Rikard kom.
Rikard sagde, at han skulle ___ fra Jacob og Karen, og Tom sagde ___.
Det tog tid at komme fra ___, for der var en ___ mennesker der.
Der var også en ___ mennesker i restauranten, og det tog lang tid at få ___.
Tom gik med Rikard ned til toget, og det var Rikard ___ for, så han kom i det ___ tog.
Rikard sidder i sit ___ og skriver brevet. Fra vinduet kan han se ud over ___.
Jacob lægger ___ i ___ igen og ___ det på bordet, så Karen kan ___ det.
Så går han ___ i marken igen.

Ø Brug de følgende ord-par:

inde – inde   **ned – nede**   **hjem – hjemme**
ud – ude   **op – oppe**   **om – omme**
over – ovre

Når Jacob er gået *ind* med brevet, er han ___.
Når Søren er gået *ud* af stuen, er han ___.
Når Torben er gået *ned* af vognen, er han ___.
Når Rikard er gået *op* på vognen, er han ___.
Når Karen er kommet *hjem*, er hun ___.
Rikard er gået rundt *om* huset. Karen er ___ bag huset.
Når båden er sejlet *over* søen, er den ___.

? *HVAD ER –?*
– en adresse? – et posthus? – et frimærke? – en banegård? – et eksprestog? – en station? – en mængde? – en konvolut? – det modsatte af tom? – det modsatte af inde?

skrive
Her er et brev. Jeg ___ det i går. Jeg har ___ adressen på maskine. Jeg ___ altid mine breve på maskine.

køre
Her er en bil. Jeg ___ i den i går. Jeg har ___ 10.000 km i den. Jeg ___ altid i bil til mit arbejde.

købe
Her er et frimærke. Jeg ___ det i går. Jeg har ___ 30 frimærker. Jeg ___ altid mange frimærker på en gang.

betale
Her er en bog. Jeg ___ den i går. Jeg har ___ alle bøgerne. Jeg ___ altid, hvad jeg køber.

åbne
Her er et vindue. Jeg ___ det i morges. Jeg har ___ alle vinduerne. Jeg ___ altid vinduerne om morgenen.

få
Her er en kop kaffe. Jeg ___ en kop kaffe på restauranten i går. Jeg har ___ to kopper kaffe. Jeg ___ altid en kop kaffe om morgenen.

tage
Her er et æble. Jeg ___ det i haven i morges. Jeg har ___ mange æbler i haven. Jeg ___ altid et æble om morgenen.

sige
Jeg ___ det til ham i morges. Jeg har ___ det til ham mange gange. Jeg ___ det til ham hver dag.

vente
Jeg ___ på ham i tyve minutter. Jeg har ___ på ham i lang tid. Jeg ___ altid på min kone.

gøre
Det ___ han ikke i går. Jeg har ___ det så mange gange. Hvem ___ ikke det hver dag?

---

adresse, konvolut, skrevet, maskine, posthus, postbud, taske, fuld, tom, post, tilbage, frimærke, billede, betale, inden, uden, opleve, god, nok, eksprestog, man, forsinket, perron, vente, hilse, deraf, restaurant, glad, venlig, hilsen, omme, ovre, kære, station.

52. Stykke tooghalvtreds

»Hvad skal du være, når du bliver stor?« sagde Rikard en dag til Søren.
»Jeg vil være elektriker,« svarede Søren.
»Tror du, det er en god ide?« spurgte Rikard.
»Ja, det tror jeg,« sagde Søren, »og så vil jeg til Helsingør.«
»Hvad vil du der?«
»Der bygger de skibe, og det vil jeg gerne være med til.«
»Men så kan du jo ikke bo hjemme.«
»Nej, men fars bror bor i Helsingør, så jeg kan måske bo hos ham, og han arbejder også på skibene. Ved du, hvad det sted hedder, hvor man bygger skibe?«
»Nej.«
»Det hedder et værft. Værftet i Helsingør er stort, og der er mange arbejdere der.«
»Er det det største værft i Danmark?«
»Nej, det er det ikke. Der er et i København, der er større, men de største skibe bliver bygget i Odense. Synes du ikke, at det er en god idé at blive elektriker på et værft?«
»Jo, for dig er det sikkert en god ide, men jeg er lærer, så jeg har ikke lyst til at arbejde på et værft.«

Søren vil være ___, når han bliver stor.
Han vil arbejde, hvor de ___ skibe. Sådan et sted kaldes et ___.
Der ligger et stort ___ i Helsingør.
Værftet i Odense er ___ end værftet i Helsingør.
Værftet i Odense er det ___ af de tre værfter.
Er der flere ___ i Danmark? Ja, der er mange ___ i Danmark.
Sørens ___ bror bor i Helsingør. Han arbejder på ___.
Det er en god ___, at Søren bliver ___, for han har ___ til at arbejde på et ___.

Lav nye ord ved at sætte ved at sætte **-ing** eller **-ning** efter:
bygge – bygning
vandre – vandring
skrive –
handle –
mene –
regne –
tegne –
sende –

Lav nye ord ved at sætte **-else** efter:
ende – endelse
øve – øvelse
skrive –
være –
lede –

elektriker, værft, lærer, idé.

53. Stykke treoghalvtreds

1. *Hvem er det?*
Det er hverken Jacob eller Rikard.
Nej, det er ingen af dem, det er Tom.

2. *Hvem er det?*
Det er hverken Karen eller Inge.
Nej, det er ingen af dem, det er Lise.

3. *Hvem er det?*
Det er hverken Hansen eller Olivera.
Nej, det er ingen af dem, det er Isono.

4. *Hvem er det?*
Det er hverken dig eller mig.
Nej, det er ingen af os, det er fru Hansen.

5. *Hvem er det?*
Det er hverken ham eller hende.
Nej, det er ingen af dem, det er dig.

6. *Hvad er det?*
Det er hverken en hat eller en spand.
Nej, det er ingen af delene, det er en gryde.

7. *Hvad er det?*
Det er hverken fugl eller fisk.
Nej, det er hverken fugl eller fisk, det er ingenting.

8. *Hvad er det?*
Det er hverken en seng eller en sofa.
Nej, det er ingen af delene, det er en divan.

9. *Hvad er det?*
Det er hverken en støvle eller en sko.
Nej, det er ingen af delene, for det er en strømpe.

10. *Hvad er det?*
Det er hverken vand eller vin.
Nej, det er ingen af delene, for det er øl.

Ø

Manden, som stod på vejen, var ___ Tom eller Rikard, for det var Jacob.
Det er ___ fugl eller fisk.
Mor laver mad i en ___.
Det er ___ en spand eller en hat, det er en gryde.
Far ligger og sover, men han ligger ___ på en seng eller en sofa, han ligger på en ___.
Hvad har du på benene? Jeg har en ___ på hvert ben.
Jeg har også sko på, men ingen ___.
Hvad er bedst, kaffe eller te? Det er hverken kaffe eller te, det er ___.
Der er mange ___ i luften, og mange ___ i vandet.
Han lavede mad til os, men jeg kunne ikke se, hvad det var; det var ___ fugl eller fisk.
Jeg kunne ikke forstå, hvad han sagde, for det havde ___ hoved eller hale.
Der var noget i glasset, men det var ___ vin eller øl. *Hvad var det?* Det var te.

nye ord hverken, gryde, fugl, fisk, divan, strømpe, vin, øl, bedst, hale, støvle.

54. Stykke fireoghalvtreds

Nu har Rikard været på skolen i tre uger. Den første uge boede han alene, men nu bor han sammen med Anders. Rikard er 25 år. Anders er 21, så Rikard er fire år ældre end Anders. Men det gør ikke noget, at Rikard er den ældste; de er blevet gode venner. De er også glade for at bo sammen, selv om de ofte kommer for sent i seng om aftenen. De sidder nemlig og snakker, somme tider til langt ud på de små timer. Og så er det ikke let at komme op om morgenen. En nat var de først kommet i seng klokken tre, så de var meget søvnige dagen efter.

Der bor ca. (cirka) 90 unge mennesker på skolen, både unge mænd og unge piger. De fleste er på samme alder som Rikard og Anders, men nogle få er ældre. De er allesammen gået ud af skolen for nogle år siden, og de er nu kommet i skole igen for at lære noget mere. De fleste af dem skal være på skolen i et halvt år. Sådan en skole hedder en højskole.

Eleverne lærer mange forskellige ting på højskolen, for eksempel dansk, historie, geografi og engelsk eller tysk. Disse ting kalder man fagene. Anders går til engelsk, og nu har han fået Rikard til at hjælpe sig. De taler dansk sammen hveranden dag og engelsk hveranden dag. Så lærer Rikard dansk den ene dag, og Anders lærer engelsk den anden dag.

Der er en lærer i hvert fag, og eleverne er delt i klasser, så hver lærer ikke skal undervise for mange på én gang. En gang om dagen kommer alle eleverne sammen i samme klasse, og så holder en af lærerne et foredrag for dem. Somme tider er der også en diskussion efter foredraget, så eleverne kan forklare, hvad de selv mener.

Forleden dag holdt Rikard foredrag om sit eget land, og der var en lang diskussion efter foredraget. Der var mange, som gerne ville vide noget mere, og som spurgte Rikard om en mængde ting. Det viste sig, at der var mange, som ikke vidste noget om Rikards land, men som var glade for, at han kunne fortælle dem noget.

»Hvorfor er du kommet på skole i Danmark?« spurgte en.

»Fordi jeg gerne vil se, hvordan man underviser voksne mennesker her i landet, så jeg kan gøre det samme, når jeg kommer hjem igen.«

Ø Rikard har ___ på skolen i tre uger.
Han har ___ alene i en uge, og så har han ___ sammen med Anders i to uger.
Rikard er fire år ___ end Anders. Rikard er den ___ af de to venner.
De er ___ for at bo sammen.
De lærer ___ sprog; Rikard lærer Anders ___, og Anders lærer Rikard ___.
De sidder ___ tider oppe til langt ___ på de ___ timer. Så er de ___ den næste dag.
Der bor ___ unge mennesker på skolen. De fleste er på ___ alder som Anders.
De ___ af de unge mennesker skal ___ på skolen i et halvt år.
De lærer mange ___ ting. Dansk, historie og geografi er ___.
I ___ fag er der en lærer. Der er en lærer til ___ klasse.
Eleverne lærer, lærerne ___ dem.
Hver dag holder en af lærerne et ___ for eleverne.
Somme tider er der ___ efter foredraget, så ___ kan forklare, hvad de mener.

? *Hvor længe har Rikard været på skolen?*
Hvor længe har han boet sammen med Anders?
Hvor mange år er Rikard ældre end Anders?
Hvorfor er de somme tider noget søvnige om morgenen?
Hvilke mennesker kommer på højskole?
Hvilke sprog taler Anders og Rikard med hinanden?
Hvilke fag underviser man i på højskolen?
Hvem holder foredrag?
Hvorfor er der diskussion efter foredragene?
Hvorfor er der mange, som spurgte Rikard ud om Afrika?
Hvorfor var Rikard kommet på en dansk højskole?

Ø Brug ordene: **har, er**

Rikard ___ været på skolen i tre uger. Han ___ begyndt at lære dansk.
Torben ___ kommet hjem fra skole. Han ___ cyklet en tur.
Han ___ gået sin vej. Han ___ gået ti kilometer.
Han ___ rejst hjem på juleferie.
Han ___ rejst jorden rundt.
Han ___ inviteret mig også.
Han ___ lukket døren.
Bilen ___ standset. Hvem ___ standset bilen?
De ___ taget hjem. De ___ taget toget til Hillerød.
De ___ sejlet over søen. Vi ___ sejlet 15 km.
Hvad ___ han sagt til dig?
Jeg ___ åbnet vinduet.
Søren ___ skrevet brevet. Rikard og Søren ___ kørt tilbage til gården.
Torben ___ snakket med ham. Rikard ___ købt nogle konvolutter.

HVAD ER –?
– *en diskussion? – et foredrag? – en lærer? – et fag? – geografi? – en elev? – en ven?*

	i dag	i går	somme tider
at sejle	jeg sejler	jeg sejlede	jeg har sejlet
at nå	jeg	jeg	jeg har
at bo	jeg	jeg	jeg har
at lukke	jeg	jeg	jeg har
at åbne	jeg	jeg	jeg har
at købe	jeg køber	jeg købte	jeg har købt
at tale	jeg	jeg	jeg har
at vise	jeg	jeg	jeg har
at forlange	jeg	jeg	jeg har
at rejse	jeg	jeg	jeg har

Peter sagde: »Jeg må ikke gå i biografen.«
Peter sagde, at han ikke måtte gå i biografen.

Fortsæt med at lave nye sætninger ud fra de følgende:

Søren forklarede: »Peter kan ikke komme i dag.«
Far spurgte: »*Hvem har betalt kaffen?*«
Mor spurgte: »*Vil du hjælpe mig at vaske op?*«
Rikard fortalte: »Jeg bor langt fra havet.«
Anders svarede: »Det vil jeg gerne.«
Inge svarede: »Jeg skal nok hjælpe dig med at dække bord.«
Han sagde: »Det vil jeg ikke.«
Jeg siger: »Det skal du ikke.«
Far siger: »Du skal ikke gøre det, hvis du ikke vil.«
Mor siger: »Du må gerne gøre det, hvis du vil.«
Inge spurgte: »*Må jeg gå med Torben i biografen?*«
Far svarede: »Det må du gerne.«
Torben sagde: »Jeg kan ikke læse den bog.«
Læreren sagde: »Så må du tage en anden.«

været, alene, sammen, ældre, ældst, ven, ofte, sent, nemlig, let, søvnig, cirka, samme, højskole, for eksempel, historie, geografi, fag, hveranden, lærer, undervise, foredrag, holde, somme tider, diskussion, forklare, hvordan, rundt, synes, alder, elev.

55. Stykke femoghalvtreds

Løve, den 20. oktober

Kære Rikard!

Vi havde fri fra skolen i sidste uge, så vi var alle fire i Jylland. Vi kørte fra Løve om morgenen og var i Kalundborg en time efter. Der kørte vi bilen om bord på færgen og sejlede til Århus. Det tog tre timer. Så kørte vi videre til Lemvig, hvor fars søster bor, og der boede vi i fire dage.

Men nu skal jeg fortælle dig, hvad vi lavede den ene af dagene. Vi var i Hanstholm. Det er en stor havn med mange fiskerbåde, og det var dem, vi ville se.

Mens vi stod i havnen, kom der endnu flere både ind, og de havde fisk med, som de havde fanget natten før ude på havet.

Vi så alle kasserne med fisk, og vi så, at de blev sat på vogne og kørt ind i en stor hal. Der blev de solgt. Nogle af dem blev kørt væk til fabrikker, hvor de laver fisken til mad, og nogle af dem blev sat ind i store lastbiler, der kører dem til fremmede lande. Så i morgen tidlig kan man købe dansk fisk i Italien, Schweiz og Frankrig.

Vi spiste middag på en restaurant, og du kan gætte, hvad vi fik at spise. Fisk - hvad ellers i Hanstholm.

Jeg er glad for, at du har set værftet i Helsingør. Der er også et værft i Hanstholm, men de bygger kun små skibe. Vi var tilbage i Lemvig kl. 9 om aftenen.

Venlig hilsen,

Søren

fiskerbåde, kasse, lastbil, hal.

56. Stykke seksoghalvtreds

Manden	jeg	ser		gammel.
Pigen	du	kender		ung.
Drengen	han	hjælper	er	lille.
Huset	hun	køber		stor.
Bogen	vi	læser		god.

Manden		arbejder i haven		høj.
Pigen	som	vasker op		dygtig.
Drengen	der	cykler på gaden	er	glad.
Huset		ligger i haven		stor.
Bogen		ligger i vinduet		god.

Manden		jeg kender		din far.
Pigen		du hjælper		hans søster.
Drengen	som	du ser	er	min broder.
Huset		han køber		hans søsters.
Bogen		vi sælger		min.

57. Stykke syvoghalvtreds

A. *Hvem er det?*
B. Der er både en dreng og en pige, så det må være Søren og Inge.
A. Ja, det er det også, de er der begge to.

A. *Hvad har Søren i hånden?*
B. Han har noget i begge hænder.
A. Ja, det har han også. Han har en bog i den ene hånd, og han har både en bog og en blyant i den anden.

A. *Hvem sidder på stolen?*
B. Der sidder nogen på begge stole.
A. Det gør der også. Der sidder en mand på den ene stol, og der sidder en dame og en pige på den anden.

A. *Hvem er der brev til?*
B. Der er brev til Søren.
A. Der er brev til både Søren og Inge.
B. Det er der også, der er brev til dem begge to.

A. *Hvem er det, der hjælper Karen?*
B. Det gør både Rikard og Søren.
A. Det gør de også, de hjælper hende begge to.

A. *Er døren åben?*
B. Ja, men den anden dør er også åben.
A. Ja, det er den også, begge døre er åbne.
B. Ja, de er åbne begge to.

58. Stykke otteoghalvtreds

Her er et billede af en mur. Man kan se stenene i den. De sten, der er brugt til muren kaldes mursten.
I Danmark bygges mange huse af mursten, og murene er tykke. *Hvorfor?*
Fordi en tyk mur er bedre til at holde på varmen om vinteren. I gamle huse er der tyndere mure. De holder ikke godt på varmen, og derfor er vinduerne små.
I moderne huse vil man gerne have meget lys, og man har derfor store vinduer. Men vinduerne er dobbelte, og murene er tykke, fordi man gerne vil holde på varmen.
På gamle huse er taget lavet af strå, der holder godt på varmen. På nye huse er taget lavet af sten, og det holder ikke godt på varmen, så man må isolere huset godt, når det har stentag.

Det blæser meget i Danmark om vinteren, og der er mange kolde dage. Det er varmt om sommeren og koldt om vinteren. Koldt er det modsatte af varmt. Når det er koldt udenfor, vil vi gerne have det varmt inde i husene.
I de fleste huse er der centralvarme, og varmen sendes rundt i huset fra en kedel, hvor der fyres med olie.
De fleste huse i Danmark er hvide, røde eller gule. Hvidt, rødt og gult er tre farver. Side ti i denne bog er af hvidt papir med sorte bogstaver. Solen er gul, og når den går ned om aftenen, er den rød. Danskere vil gerne have huse i lyse farver. Hvidt, rødt og gult er lyse farver, mens sort er en mørk farve.
I de fleste huse i Danmark er der blomster i vinduerne. Danskerne siger, at det er pænt at se på. De vil også gerne have pæne møbler.
Bor der altid pæne mennesker i pæne huse?
En stue, hvor der er pæne lyse farver på væggene, hvor der er pæne møbler, hvor der er blomster i vinduerne, hvor der er varmt, og hvor man er velkommen, er en hyggelig stue.

Ø

En mur er lavet af ____. Stenene i en mur kaldes ____. ____ er det modsatte af tynd.
En tyk mur er god til at ____ på varmen. En ____ mur er ikke god til at holde på varmen.
Et hus med tynde mure og store vinduer er ____ om vinteren.
Kold er det modsatte af ____.
Vinteren er ____, sommeren er ____.
Taget på gamle huse er lavet af ____.
Når det er ____ udenfor, vil man gerne have det varmt inde i huset.
I nogle huse er der ____, og varmen ____ rundt i huset fra en kedel.
Hvidt er en ____, og rødt er en ____.
Hvidt og gult er ____ farver, sort er en ____ farve.
I Danmark har husene ____ farver.
I Danmark er der blomster i ____.

nye ord
nye ord
nye ord
nye ord

mur, kaldes, mursten, bygge, tyk, tynd, varm, varme, opvarme, moderne, tag(et), strå, stentag, isolere, kold, centralvarme, sende, olie, farve, pæn, hyggelig, fyre, kedel.

109

59. Stykke nioghalvtreds

A: *Vil du have en kop te?*
B: *Om jeg vil?* Ja, det vil jeg **gerne**.
   Kan du lave teen?
C: *Om jeg kan?* Ja, det kan jeg **sagtens**.
   Kan du også lide te?
D: *Om jeg kan?* Ja, det kan jeg **rigtignok**.

A: *Vil du med i biografen?*
B: *Om jeg vil?* Ja, det vil jeg ___.
   Kan du betale?
C: *Om jeg kan?* Ja, det kan jeg ___.
   Kan du lide film?
D: *Om jeg kan?* Ja, det kan jeg ___.
   Går du tit i biografen?
E: *Om jeg gør?* Ja, det gør jeg ___.
   Vil du med ud og danse?
F: *Om jeg vil?* Ja, det vil jeg ___.
   Kan du danse vals?
G: *Om jeg kan?* Ja, det kan jeg ___.
   Kan du danse vals en hel nat?

H: *Om jeg kan?* Ja, det kan jeg ___.
   Kan vi gå om et kvarter?
I: *Om vi kan?* Ja, det kan vi ___.
   Vil du køre bilen?
K: *Om jeg vil?* Ja, det vil jeg ___.
   Kan du køre bil?
L: *Om jeg kan?* Ja, det kan jeg ___.
   Bestiller du billetter?
M: *Om jeg gør?* Ja, det gør jeg ___.
   Betaler du dem også?
N: *Om jeg gør?* Nej, jeg gør ikke.

sagtens, rigtignok, vals, billet.

60. Stykke tres

Hvad er De?

Nu skal jeg fortælle Dem, hvad jeg bestiller, så kan De selv gætte.
Jeg arbejder på et værksted, og jeg laver møbler. Jeg laver dem af træ. Hvis De vil have et nyt bord eller nogle nye stole, kan jeg lave dem til Dem. *Hvad er så mit fag?*

De er snedker.

Hvad er De?

Nu skal jeg fortælle Dem, hvad jeg bestiller, så kan De selv gætte.
Jeg arbejder på et hospital, og når der kommer syge mennesker til hospitalet, taler jeg med dem og finder ud af, hvad de fejler. Når jeg har fundet ud af det, prøver jeg at hjælpe dem, så de kan blive raske igen. *Hvad er jeg så?*

De er læge.

Hvad er De?

Nu skal jeg fortælle Dem, hvad jeg bestiller, så kan De prøve at finde ud af det selv.
Jeg arbejder på et hospital, men jeg er ikke læge. Jeg plejer de syge og gør, hvad lægen siger, for at de kan blive raske igen. *Hvad er jeg så?*

De er sygeplejerske.

Hvad er De?

Nu skal jeg fortælle Dem, hvad jeg bestiller, så kan De finde ud af det selv.
Jeg arbejder i en stor have. Der dyrker jeg blomster og grøntsager, som jeg sælger til andre mennesker. *Hvad er så mit fag?*

De er gartner.

Hvad er De?

Nu skal jeg fortælle Dem, hvad jeg bestiller, så kan De selv gætte.
Jeg bor ude på landet. Jeg hjælper folk, når deres dyr er syge. Jeg kører ud til gårdene, eller henter dyrene hjem til min klinik. Når jeg ved, hvad de fejler, plejer jeg dem, til de er raske igen. *Hvad er jeg?*

De er dyrlæge.

Hvad er De?

Nu skal jeg fortælle Dem, hvad jeg bestiller, så kan De selv gætte.
Jeg arbejder i en butik. Når folk kommer ind i butikken, hjælper jeg dem med at finde de bøger, de gerne vil købe. Jeg sælger også papir og blyanter og kuglepenne. *Hvad er jeg?*

De er boghandler.

Hvad er De?

Nu skal jeg fortælle Dem, hvad jeg bestiller, så kan De selv gætte.
Jeg arbejder i en butik. Jeg handler med kød. Når man både køber og sælger kød, handler man med det. Jeg handler både med kød og flæsk. *Hvad er mit fag?*

De er slagter.

Der er mange andre fag: bager, barber, møller, landmand, maler, præst, soldat, lærer. Vælg et af dem og fortæl, hvad De bestiller, og lad de andre i klassen gætte, hvilket fag De har valgt.

Når man ved, hvad en mand bestiller, kender man hans ____.
En ____ arbejder på et værksted, hvor han laver møbler. Borde og stole er ____.
En læge arbejder på et ____. Han prøver at finde ud af, hvad de syge mennesker ____.
____ hjælper ham med at pleje de syge, til de bliver ____ igen.
En klinik er et lille ____.
En ____ dyrker blomster og ____.
____ hjælper landmændene, når deres dyr er syge.
En ____ køber kød og sælger det igen. Han ____ med kød.
En boghandler ____ med bøger. En ____ sælger også papir og blyanter.
Man skriver brev med en ____ eller en blyant.
Slagteren handler både med ____ og flæsk.
En ____ underviser børnene i skolen.
En ____ maler korn i møllen.
Hvilket fag vil De ____?

at arbejde	en arbejder
at lære	en ____
at pleje	en ____
at hjælpe	en ____
at sælge	en ____
at male	en ____
at barbere	en barber
at handle	en handlende
at fortælle	en fortæller

nye ord
værksted, snedker, fag, hospital, syg, rask, fejle, prøve, læge, pleje, sygeplejerske, grøntsager, gartner, klinik, dyrlæge, fyldepen, boghandler, handle, slagter, barber, vælge.

8 Lær at tale dansk

61. Stykke enogtres

Her ser De fem figurer. Nummer 2 er ikke den samme som nummer 1, og nummer 3 er heller ikke den samme som nummer 1. Nummer 4 er det heller ikke, men den er den samme som nummer 3. Nummer 3 og nummer 4 er ens, mens nummer 1 og nummer 4 er forskellige. Nummer 5 er også forskellig fra nummer 1, og nummer 2 er forskellig fra nummer 3 og 4.

Jeg var i Norge i fjor. Det er 1978 i år, det var 1977 i fjor. I Norge er der bjerge, høje bjerge, bjerge på 2500 meter. Og mellem bjergene er der dale, dybe dale. Dyb er det modsatte af høj. I mange lande er der høje bjerge, men der er ingen bjerge i Danmark.
Jeg sidder og ser ud ad vinduet. Jeg kan se langt væk, over markerne og træerne og husene, men der er ingen bjerge i det danske landskab, kun små bakker på 100 til 170 meter. Der er ingen store forskelle i det danske landskab.

I nogle lande er der store floder. Mississippi er en stor flod, og Amazonfloden er en stor flod. I Danmark er der ingen floder, der er kun åer. En å er en lille flod. Men der er mange åer i Danmark.

I USA er der meget varmt om sommeren og meget koldt om vinteren. I Danmark er der ikke særlig koldt om vinteren og ikke særlig varmt om sommeren. Man kan godt have den samme temperatur den 23. december som den 23. juni, men så er det også en meget kold sommer og en særlig varm vinter. Der er ikke så store forskelle i det danske vejr som i vejret i mange andre lande.

I mange store lande er der forskelle mellem folk, der bor i den ene del af landet, og dem, der bor i den anden del. Der er store forskelle i det sprog, der tales, i de huse, der bygges, og i de klæder, folk har på. Sådan er det ikke i Danmark.

I nogle lande er der mange mennesker, som ingen penge har, og nogle få mennesker, som har mange penge. Der er altså store forskelle mellem rige og fattige. En rig mand har mange penge, en fattig mand har få penge. I Danmark er der ikke særlig store forskelle mellem rige og fattige, for de rige er ikke særlig rige, og de fattige er ikke særlig fattige.

I de varme lande er der mange farver og mange stærke farver. Det er der ikke i det danske landskab. De lyse farver er ikke særlig lyse, og de mørke farver er ikke særlig mørke. Der er ikke engang noget særlig forskel mellem nat og dag, for om sommeren er natten meget lys, og om vinteren er dagen meget mørk.

Dronning Cleopatra var en smuk kvinde. Stockholm er en smuk by. Norge er et smukt land. Man siger ikke om et lille barn, at det er smukt, men at det er yndigt. Noget stort er ikke yndigt, og noget stort er heller ikke hyggeligt. Et stort hus kan være smukt, men ikke yndigt. Et lille hus kan være yndigt. Man kan godt sige om Danmark, at det er et smukt land, men danskerne selv vil hellere sige, at det er et yndigt land.

Ø

Af de fem figurer er nummer 3 og nummer 4 ____, mens nummer 1 og nummer 5 er ____.
Forskel er det modsatte af ____.
Hvis det er 1977 i år, hvad var så 1976? Det var ____ ____. I ____ er året før i år.
Der er mange høje ____ i Norge, men der er ingen ____ i Danmark.
Mellem bjergene er der ____ dale. En dal er det modsatte af et ____.
Dyb er det modsatte af ____. Bjergene i Norge er over 2 km høje.
I Danmark er den højeste ____ 170 meter.
Der er ingen ____ forskelle i det danske ____.
Mississippi er en ____. I Danmark er der ingen ____, men der er mange åer.
Den danske vinter er ikke ____ kold, og den danske sommer er ikke ____ varm.
Der er ikke så store forskelle i det danske ____.
Der er ____ store forskelle mellem folkene i de forskellige dele af landet.
Det samme sprog ____ i alle dele af landet.
I Danmark er der ikke mange, som har ____ penge, men ____ ikke mange, der ingen har.
____ mellem fattig og rig er ikke stor.
I de varme lande er der ____ farver, men det danske landskab har ikke ____ farver.
De lyse farver er ikke ____ lyse, og de mørke farver er ikke særlig ____.
Om sommeren er natten ikke ____ mørk, og om vinteren er dagen ikke særlig lys.
Cleopatra var en ____ kvinde. Norge er et ____ land.
Noget stort er ikke ____, og noget stort er heller ikke ____.
Et lille hus kan være både smukt og ____. Danmark er et ____ land.
Der er ingen, der kender ham, ikke ____ fru Petersen.
Han har ingen dyr på gården, ikke ____ en kat.
Du må ____ komme nu end i morgen.
Jeg vil ____ have godt vejr.

? *Hvad er forskellen mellem figur 2 og figur 3?*
Hvorfor er der ingen store forskelle i det danske landskab?
Hvad er en å?
Har vi altid den samme temperatur den 23. december som den 23. juni?
Hvorfor er der ikke så store forskelle mellem folk i Danmark?
Hvad vil det sige, at Danmark er et yndigt land?

? *HVAD ER–?*
en væg? – gul, rød og hvid? – en vals? – en læge? – en snedker? – et hospital? – et dyrehospital? – et værksted? – en forskel?

Ø Sæt **en** eller **et** foran disse ord. Sæt **-(e)n** eller **-(e)t** efter ordene:

billede	møbel	klinik
mur	stue	forskel
sten	gartner	figur
tag	boghandler	bjerg
vindue	soldat	dal
sommer	flæsk	å
kakkelovn	slagter	vejr
kedel	billet	temperatur
varme	værksted	landskab
farve	hospital	lighed
bogstav	barber	bakke

Sæt så ordene ind her:

en mur, to mure   et billede, to bill**ed**er   en sten, to sten
   forskel   farve   .

Ø Man **bygger** huse af sten. I gamle dage ____ man huse af træ. Mit hus er ____ af både sten og træ.

Man **laver** brød af korn. I går ____ min mor mad til os. Jeg har mange gange ____ mad til mor.

Jeg **sender** brevet i morgen. Søren ____ sit brev i går. Nu har vi alle ____ breve til ham.

Nu **vender** jeg bogen om. Inge ____ sin bog først. Nu har vi ____ alle bøgerne.

Jeg **bestiller** ikke noget i dag. Jeg ____ heller ikke noget i går. Jeg har aldrig ____ noget.

Mor **køber** mad hver dag. Hun ____ kød i går. Jeg har ____ mig en kuglepen.

116

Hvilken bog **vælger** du? Jeg ____ den gule før dig. Nu har vi alle ____ vore bøger.

Hvem **underviser** i dansk? Jeg ____ dem i fjor. Jeg har ____ i mange år.

Hvem **drikker** øllet? Jeg drak det i går. Jeg har drukket for meget.

nye ord
figur, ens, forskellig, forskel, vende, lighed, i fjor, bjerg, dyb, landskab, flod, å, særlig, temperatur, vejr, få, rig, fattig, dronning, smuk, yndig, hellere, stærk, ikke engang, bakke, kuglepen.

62. Stykke toogtres

Hvad bliver der bygget?
– Der bliver bygget en mur.
Af hvem?
– Af manden med murstenen i hånden.

Hvad bliver der holdt her?
– Der bliver holdt foredrag.
Af hvem?
– Af læreren – og han står på talerstolen.

Hvem bliver plejet her?
– Det bliver barnet.
Af hvem?
– Af sygeplejersken – og hun sidder ved sengen.

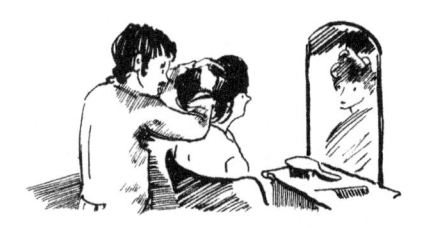

Hvem bliver friseret her?
– Det bliver damen i stolen.
Af hvem?
– Af barberen med kammen i hånden.

Hvem bliver undervist i skolen?
– Det bliver børnene.
Af hvem?
– Af læreren, der står på gulvet.

Hvad bliver lukket op her?
– Det bliver døren.
Af hvem?
– Af pigen, som står i stuen.

Hvad bliver der drukket her?
– Der bliver drukket øl.
Af hvem?
– Af manden med glasset i hånden.

Hvad bliver der gjort ved væggen her?
– Den bliver malet.
Af hvem?
– Af maleren, der står på stigen.

Hvad bliver der lavet her?
– Der bliver danset vals.
Af hvem?
– Af drengen og pigen på gulvet.

Hvad bliver der spist her?
– Der bliver spist et æble.
Af hvem?
– Af drengen med æblet i hånden.

Ø Man kan sige både »der undervises i dansk« og »der bliver undervist i dansk«, og tit er der ingen forskel mellem de to ting. Men ofte er der forskel, og så mener man, når man siger »undervises«, at det gøres der altid, og når man siger »bliver undervist«, at det gøres der nu.

1. Stiger (bruge) til at stå på.
   Stigen (bruge) af maleren, så du kan ikke få den.

2. Der (drikke) øl hver dag.
   Øllet (drikke), hvis du ikke skynder dig.

3. Huset (opvarme) med olie.
   Soveværelset (opvarme), hvis du vil have det.

4. Brevet (sende) til dig i morgen.
   Der (sende) mange breve hver dag.

5. Du (se) hver gang du går ud.
   Du (se) ofte med hende.
   Det (se) på dig, at du er syg.

6. Det (sige), at du er hjemme for tiden.
   Man ved aldrig, hvad der (sige) om en.
   Der (sige) meget, når de taler sammen.

7. Der (arbejde) otte timer hver dag.
   Der (arbejde) mere endnu, hvis du vil være med.

8. Der (spise) til middag kl. 12.
   Wienerbrødet (spise), når det er færdigt.

nye ord skovl, talerstol, kam, gulv, stige, drukket, maler.

63. Stykke treogtres

I haven findes der både græs og blomster, buske og træer. Nogle træer bærer frugt, andre gør det ikke. En busk, der bærer frugt, kaldes en frugtbusk. Frugterne på en busk kaldes bær. Ribs, solbær og hindbær er tre forskellige slags bær. Æbler og pærer er to forskellige slags frugter.
Læg nogle hindbær på et stykke hvidt papir og lad dem ligge natten over. Næste morgen er papiret rødt rundt om bærrene. Det er, fordi saften er trådt ud af bærrene og har farvet papiret.

Hvis man opvarmer bær, træder saften ud i gryden. Saften er rød og kan drikkes.
Mange mennesker dyrker kartofler i deres have. Dem spiser man sammen med kød og fisk. Man laver også kartoffelmel af kartoflerne. Tag en gryde fuld af ribs og solbær eller hindbær og sæt den over ilden. Efter nogen tid, når temperaturen bliver højere i gryden, begynder saften at træde ud af bærrene, og når saften er 100 grader varm, koger den. Tag noget kartoffelmel i en kop og kom lidt vand i, og rør rundt med en ske. Hæld så vandet med kartoffelmelet ned i den kogende saft og rør rundt med en ske, til saften bliver tykkere og tykkere. Tag så gryden af ilden, og lad den stå, til den er kold.
Tag nu noget af det op i en tallerken og kom sukker og fløde på og spis det, og så har du fået rødgrød med fløde.
I Danmark spises der meget rødgrød om sommeren, men der kan også laves grød af andet end bær, f.eks. havre. Der er mange mennesker, som spiser havregrød om morgenen. Havregrød med sukker og mælk.

Ø

I haven ____ der buske og træer.
Et træ, der bærer frugt, kaldes et ____. En busk, der bærer frugt, kaldes en ____.
Frugt, der findes på et træ, kaldes ____. Frugt, der findes på en busk, kaldes ____.
Ribs, solbær og hindbær er tre forskellige ____ bær.
Æbler og pærer er to forskellige ____ frugter.
Saften af hindbærrene ____ ud af bærrene og farver papiret rødt.
Papiret er rødt, fordi saften er ____ ud af bærrene.
Når bær ____, træder saften ud af dem. Man opvarmer bær i en ____.
Når den er 100 grader varm, ____ saften.
Mange mennesker dyrker også ____ i deres have.
Af kartofler laver man ____.
Man kommer lidt kartoffelmel i en kop og rører rundt med en ____.
Så ____ man vandet med kartoffelmelet i den ____ saft og rører.
Når saften er kold, er den blevet til ____.
Man spiser rødgrød med sukker og ____.
Man laver rødgrød af ____, ____ og ____.
Man kan også lave grød af ____, den kaldes havregrød.
Havregrød ____ med sukker og mælk.

120

Ø Gryden var fuld af **kogende** saft. (koge).

Lav selv de følgende sætninger:

Vejret i Danmark er meget ____. (blæse).
Vi får ____ temperatur. (stige).
Hun er en meget ____ dame. (tale)
Folk, som sælger ting i en butik, kaldes ____. (handle)
Sten er ikke særlig ____. (isolere)
Han kom ____ hen ad gaden. (cykle)
Søren kom ____ ned ad landevejen. (løbe)
Alle ____ stiger ud på Københavns Hovedbanegård. (rejse)
Jeg fandt ham ____ i sengen klokken ti. (sove)
Hunden løb ____ ud af gården. (hyle)
Haven var fuld af ____ piger og drenge. (lege)
Børnene løb rundt på legepladsen, ____ eller ____ fodbold. (lege, spille)
Jeg fandt ham i en stol ____ avisen. (læse)
Vi så ham i soveværelset ____ i sengen. (ligge)

Ø Tag skeen og **rør** rundt i grøden. (røre)

Lav selv de følgende sætninger:

____ øllet i glasset og ____ det. (hælde, drikke)
Hvis han løber for langt, så ____ ham. (stoppe)
Når han kommer ind, så ____ på ham. (se)
Hvis han står ved vinduet, så ____ ikke ind i huset. (gå)
Klokken er syv, ____ op. (stå)
Her er wienerbrødet, ____ så. (spise)
Her er pengene, ____ dem godt. (bruge)
____ hellere op nu, klokken er mange. (stå)
____ huset selv. (bygge)
Værsgo, her er bogen, ____ den i hånden. (holde)
Her er tre bøger, du kan tage, hvilken du vil, ____ selv. (vælge)
____ dig selv. (kende)
Jeg kan ikke selv, ____ mig. (hjælpe)

nye ord busk, bære, bær, slags, ribs, solbær, hindbær, pære, saften, træde, trådt, kartofler, kartoffelmel, grad, koge, røre, hælde, kogende, tykkere, sukker, fløde, rødgrød, havre, havregrød, rundt.

64. Stykke fireogtres

Læs følgende stykke, og når De har læst det, fortæl det så til en anden person, som om De selv oplevede det i går:

De går ned ad gaden. Der møder De hr. Petersen. De siger goddag til ham, og efter at De har talt med ham et stykke tid, spørger De ham, om han vil spise frokost med Dem. De går så til en restaurant, hvor De går ind og sætter Dem ned. Der kommer en tjener hen til Deres bord, og De beder om menukortet. Derefter diskuterer De med Petersen, hvad De vil spise. Så kalder De på tjeneren og bestiller en bøf til Dem begge to, en øl og en kop kaffe. Mens De spiser, diskuterer De hans nye bil. Når De er færdige, kalder De igen på tjeneren og beder om regningen. De betaler regningen og går ud. Udenfor siger De farvel til hr. Petersen.

Altså:

I går da jeg gik ned ad gaden, mødte jeg hr. Petersen. »Goddag, Petersen«, sagde jeg, ». . .

Læs følgende stykke, og når De har læst det, fortæl det så til en anden person, som om han oplevede det dagen før:

Deres ven var i teatret i aftes. Da han var færdig med at klæde sig på, tog han en taxa til sin venindes hjem. Han gik op og ringede på. Hun var færdig, og de gik sammen ned til den ventende taxa. Så kørte de sammen til teatret. Der så de »Hamlet«, og derefter gik de til en restaurant og spiste natmad. Mens de spiste, diskuterede de teaterstykket, og de dansede også. Da det var hen på de små timer, kørte Deres ven sin veninde hjem, og da han ikke havde flere penge, måtte han selv spadsere hjem.

Altså:

Nå, du var i teatret i aftes. Da du var færdig med at klæde dig på, tog du vel en taxa ud til Karen. Der gik du vel så op og ringede på. Hun var vel også færdig . . .

Læs følgende stykke, og når De har læst det, fortæl det så til en anden person, som om De oplevede det i går:

De vågnede tidligt i går. Det var søndag, og solen skinnede. De tog så telefonen og ringede til Deres ven og spurgte ham, om han ville med ud at køre i bil. Han sagde, at det ville han gerne, men at han skulle ud med sin veninde. Så sagde De, at han jo kunne tage hende med, og han sagde så ja tak. Lidt efter kørte De til hans hjem for at hente ham. De kørte så hen for at hente hende, men da De så, at hendes søster var hjemme, inviterede De også hende med. De tog så af sted og havde en dejlig dag. De tog ud til stranden, og De spiste frokost i en restaurant på vejen. De kom først hjem, da det var sent. Men De havde haft en dejlig dag sammen med to søde piger.

Altså:

Det var søndag i går, og jeg vågnede tidligt. Jeg tog telefonen og ringede til min ven og sagde: »*Solen skinner, skal vi ikke tage en tur ud i bilen?*« Han svarede: »Det kan vi godt . . . .

følgende, som om, møde, tjener, menukort, diskutere, bøf, regning, teater, taxa, ven, veninde, natmad, teaterstykke, spadsere, af sted, dejlig, sød, tidlig, strand, vågne, danse, klæde på.

65. Stykke femogtres

Når man bestiller noget, og man gerne vil bestille meget, er man flittig. Flittige mennesker vil gerne arbejde.
Det modsatte af flittig er doven. Dovne mennesker vil ikke arbejde. Vi siger, at de ikke gider.
Det kan også ske, at flittige mennesker ikke gider. Hvis De kommer hjem efter en lang dags arbejde, og Deres ven ringer Dem op og spørger, om De vil med i biografen, siger De: »Nej tak, du, jeg gider ikke i aften«.
Det er nu ikke altid særlig pænt at sige, at man ikke gider, så man kan kun bruge ordet, når man taler til gode venner. De kan ikke sige til en ældre dame: »Nej, jeg kom ikke i aftes, for jeg gad ikke.«
Men vi kan bruge ordet på en anden måde. Vi kan sige: »Gid solen dog ville skinne i morgen«, – eller: »Gid du dog ville lade være med at træde mig på tæerne«, – eller: »Gid han ville holde op med at synge«.
Vi kan også bruge ordet på en tredje måde. Vi kan sige: »Jeg gad vide, om du kender ham«, eller: »Gad vide, hvad du mener med det«, – eller: »Gad vide, hvor mange øller han har drukket«.
Når vi bruger ordet på denne måde, er det et pænt ord, og det er et ord, mange mennesker bruger meget.

Et ___ menneske er et menneske, der altid bestiller noget.
Det modsatte af flittig er ___. Når man ikke vil arbejde, ___ man ikke.
Giv mig den bog, hvis du ___.
Jeg kom ikke i går, for jeg ___ ikke.
Det er ikke pænt at sige, at man ikke ___.
___ du give mig den bog?
___ solen ville skinne i morgen.
___ du ville lade være med at drikke alle de øller.
Hvem ___ gøre det, hvis man kan lade være?
Jeg ___ vide, hvor du har været.
Du må ikke bruge ordet på den ___.

Brug ordene: når, da, siden, hvis

Jeg har ikke set ham ____ i går. *Hvor har du været, ____ jeg så dig sidst?*
____ du kommer, må du tage din søster med.
Han gik ud af stuen, ____ jeg kom ind.
____ du vil vide, hvad han tænker, så spørg ham.
Hvorfor skal jeg gå derhen, ____ jeg ikke gider?
Hun var rask, ____ jeg så hende i går.
____ det skal gøres på den måde, gider jeg ikke.
Ja, så må jeg selv tale med ham, ____ du ikke gider.
Gad vide, hvad du vil, ____ du ikke vil, som jeg vil.
____ du ikke sagde, hvad jeg sagde, at du sagde, hvad sagde du så?
____ du vil hjælpe mig, er du en sød pige.
Det er dejligt, ____ solen skinner.

møde
Jeg ____ ham hver dag, når jeg går i skole. Jeg ____ ham også i går. Men hende har jeg ikke ____ i lang tid.

gide
Han ____ ikke fortælle dig det. Jeg ____ vide, om han gør det. Han har aldrig ____.

opleve
Man ____ altid noget, når man rejser. *Hvad ____ du på din tur til Italien?* Jeg har ____ mere end du.

få
Vi ____ bøf til middag hver dag. *Hvad ____ du til middag i går?* Jeg har aldrig ____ noget.

stå
Hvad ____ der på side 51? Han ____ op klokken syv. Du har aldrig ____ på toppen af bjerget.

flittig, doven, gide (gad, gidet), tro, måde, øller, top.

66. Stykke seksogtres

I går morges stod solen tidligt op, allerede klokken 5, og den gik først ned klokken 8 i aftes. Solen stod på himlen hele dagen, himlen var blå, og det var dejligt vejr.
I forgårs var solen nok på himlen, men den var ikke til at se, for der var skyer, og de dækkede for den. I dag er det ikke nær så godt vejr som i går, det har været overskyet hele dagen, og nu hen under aften bliver skyerne mørkere og mørkere, og jeg tror, at det snart begynder at regne.

Sådan er det danske vejr. Det er sjældent det samme fra dag til dag; det skifter hele tiden. Når det regner eller blæser og er koldt, er det rigtig dårligt vejr. Dårligt vejr er det modsatte af godt vejr. Det er godt vejr, når solen skinner, og det er varmt. Somme tider er det hverken godt eller dårligt vejr. Det regner ikke, men man tror hele tiden, at det snart begynder. Skyerne er hverken sorte eller hvide, de er grå. Folk er hverken rigtig vågne eller sover, de er bare søvnige og går rundt og gaber eller sidder i stolen og nikker. Sådan et vejr kalder vi gråvejr. »Gråvejr vil ikke regne, men det vil heller ikke lade solen skinne; det vil ingenting ; det gider ikke«.
Sådan er det også tit om vinteren. Det vil ikke blive vinter. Temperaturen falder under nul (0), men den næste dag stiger den igen. Så regner det lidt, og så bliver regnen til sne, og jorden bliver hvid, men næste dag er temperaturen steget igen, og jorden er igen sort, og sådan bliver det ved helt hen i marts måned. Det gider ikke blive vinter, men det gider heller ikke blive forår. Somme tider vil vi meget hellere, at det ville blive rigtig vinter, og så rigtigt forår. Og vi længes tit efter lange dage med rigtig megen sol. Eller også efter, at det rigtig vil regne. Mange mennesker synes også, at det er så romantisk med sne til jul, men det har vi kun sjældent. Ofte er det bare gråvejr til jul.
Nogle år har vi ingen rigtig vinter og en dårlig sommer. Men dansk vejr skifter også fra år til år, og til næste år får vi måske en rigtig vinter med meget sne og en dejlig sommer med sol og varme. Men nu har vi talt så meget om vejret, at vi kan læse følgende vers af H. C. Andersen:

GRÅT VEJR

Den våde tåge hænger dorsk over mark og by,
det gider ikke regne engang fra sorten sky;
selv gårdens ænder ligger tavse hver og en,
med hovedet bag vingen og ligner kampesten.
Ja, bedstemor i stolen smånikker, sover ind;
den smukke datterdatter, med hånden under kind,
har gabet fire gange, jeg ved, hvad det spår,
se, over brystet falder det lange gule hår.
Jeg selv sidder søvnig med benene på tværs,
jeg gider ikke læse i mine egne vers.

gabe, søvnig, nikke
når man gaber, åbner man munden, fordi man gerne vil sove, og når man gerne vil sove, er man søvnig, og når man er søvnig, nikker man ofte med hovedet, op og ned, op og ned.

tåge
tåge er skyer, der hænger helt nede ved jorden; hvis man står på et bjerg, kan man ofte se skyerne under sig, mens folk, der går i skyerne, siger, at der er tåge.

tavs
man er tavs, når man ikke siger noget.

dorsk
når man ikke gider gøre noget, er man dorsk.

en and, to ænder

kind
et menneske har to kinder, en på hver side af næsen under øjnene.

spå
sige, hvad man mener, der vil ske, før det sker.

vinge
mennesker har to arme og to ben; en and har to vinger og to ben.

bryst
kroppen mellem armene og under halsen.

på tværs
fra den ene side til den anden; med det ene ben liggende over det andet.

kampesten
meget stor sten.

våd
når det regner, bliver jorden våd.

Når solen står på himlen hele dagen, er det godt ____.
Det modsatte af godt vejr er ____ vejr. Regnen falder ned fra ____.
Nu bliver skyerne mørkere og mørkere, så jeg ____ nok, at det snart begynder at regne.
Det danske vejr er ____ det samme hver dag.
Vejret ____ tit. Når vejret ikke er det samme, ____ det.
Når skyerne hverken er sorte eller hvide, er de ____.
Når vejret hverken er godt eller dårligt, er det ____.
Når temperaturen falder til under nul, bliver regnen til ____. Sne er ____.
Når man er søvnig, ____ man. Når man nikker, er man ____.
____ er skyer, der hænger helt nede ved jorden.
Når det er tåge om morgenen, ____ det ofte godt vejr til middag.
Når man ikke siger noget, er man ____.
En and har to ____ og to ben.

Anden er sort på vingerne og hvid på ____. Brystet er kroppen mellem vingerne.
På et menneske er brystet kroppen mellem armene og under halsen.
Der er en bro over floden, den går på ____ af floden.
Når man går fra den ene side af gaden til den anden, går man ____ over den.
____ er store grå sten.
Nogle mennesker synes, at det er så ____ med en hvid jul.
Når det er koldt om vinteren, ____ vi efter sol og varme.
Når himlen er ____, længes vi efter at se solen.
Når det regner, bliver jorden ____.

dække
Når sneen ____ jorden, er den hvid. Hun ____ bordet i går. Nu er bordet ____.

gå
Han ____ i skole hver dag. Peter ____ over gaden for tre minutter siden. Han er ____ sin vej.

sove
Jeg ____ godt hver nat. Søren ____ ikke mere end tre timer sidste nat. Har du ____ godt i nat.

blæse
I dag ____ det stærkt. Det ____ slet ikke i går. Nu har det ____ i flere dage. Man kan ikke både ____ og have mel i munden.

gøre
Nej, jeg ____ det ikke. Hvad ____ det, om han kom i morgen i stedet for? Hvad har du ____ af dit ene ben?

HVAD ER –?
gråvejr? – tåge? – kampesten? – en vinge? – en kind? – at gabe? – det modsatte af sjælden? – en datterdatter? – en bedstemor? – det modsatte af godt? – det modsatte af flittig? – en restaurant? – en regning? – en veninde?

himmel, blå, sky, dække, overskyet, sjælden, skifte, dårlig, grå, gabe, nikke, gråvejr, regne, sne, længes, romantisk, tåge, dorsk, tavs, kampesten, kind, spå, tværs, vers, bryst, våd, bedstemor, dråbe, datterdatter, and – ænder.

67. Stykke syvogtres

VEJRET TIL FREDAG MIDDAG:

Meteorologisk Instituts vejrudsigt gældende til fredag middag for øerne:

Opfriskende sydvestlig vind og regn fra nordvest.
I nat omslag til jævn nordøstlig vind og aftagende temperatur.
Vejret i de nærmeste dage: ustadigt.

Landets højeste temperatur blev i går 23 grader i Ringsted, mens den laveste i nat blev 2 i Hovedgård.
Solen skinnede i går 11 timer i København, og her blev gennemsnitstemperaturen 11,7 grader, hvilket er langt over normalen, som er 6,8.
Der faldt ingen regn over landet sidste døgn, og der var 8 grader ved Meteorologisk Institut i morges.

Meteorologisk Institut spår os, hvilket vejr vi får.

vejrudsigt
når vi står på et bjerg, har vi udsigt til alle sider. Udsigten fra mit vindue er, hvad jeg kan se fra vinduet, når jeg ser ud. Det vejr, som kommer, er det vejr, vi har udsigt til at få. En vejrudsigt er, hvad Meteorologisk Institut siger om vejret i de kommende dage.

gældende
vi siger f.eks. 1) Far siger, at vi ikke må bruge så mange penge, men det gælder ikke mig, for jeg har ingen, men det gælder mor og min søster og ham selv. 2) Vejrudsigten gælder for i morgen, eller 3) vejrudsigten gælder kun for Jylland.

opfriskende
når vi siger dette om vinden, betyder det, at vinden vil blive stærkere.

omslag
når vinden vender fra nord til øst, siger vi, at den slår om. Et omslag betyder så, at vinden vender. Et omslag i vejret betyder, at vejret skifter.

jævn
når vi kører med jævn fart, betyder det, at vi kører lige stærkt hele tiden – eller med jævn fart. Jævn vind betyder en ikke for stærk vind.

aftagende
faldende.

nærmeste
»nær« betyder ikke langt fra; vi siger f.eks. Tåstrup ligger nær København. Tåstrup ligger nærmere København end Ringsted. *Hvilken by ligger nærmest Øresund, København eller Roskilde?*

ustadigt
hvis vejret er ustadigt, skifter det hele tiden.

laveste
er det modsatte af højeste.

Hovedgård er en by i Jylland.

gennemsnitstemperatur
hvis temperaturen om dagen er 15 grader og om natten 5 grader, er gennemsnittet 10 grader. Hvis 5 børn er 10, 11, 12, 11 og 11 år gamle, er gennemsnittet 11 år.

normalen
gennemsnitstemperaturen for mange år, for en dag eller en måned eller et år.

Hvad siger Meteorologisk Institut?
Hvad er vejrudsigten?
Hvordan bliver vejret i de kommende dage?
Hvad var gennemsnitstemperaturen for hele landet i går?
Hvad var temperaturen i morges?
Hvor var temperaturen lavest?
Hvor var temperaturen højest?
Hvor mange timer skinnede solen i går?
Hvornår får vi omslag i vejret?
Hvor kommer vinden fra i dag?
Hvor længe gælder vejrudsigten?

68. Stykke otteogtres

Hvad er dette her?

– Det er en dør. Den er lavet af træ og dækker et hul i muren. Man kan lukke døren op og i.
– Den er sat fast på dørkarmen med to hængsler. Man siger, at den går på hængsler. Der er et hængsel foroven og et hængsel forneden. Når man åbner døren eller lukker den, drejer den sig på hængslerne.
– I den modsatte side af, hvor hængslerne sidder, er der et håndtag. Det tager man i, når man vil åbne døren. Under håndtaget er der et hul i døren. Det er nøglehullet. Når man stikker en nøgle i nøglehullet, kan man låse døren, så ingen kan lukke den op igen. Man låser døren med en lås.
– På den ene side af dørkarmen er der en dørklokke. Når man trykker på knappen, ringer det inde i huset, og beboerne ved, at der står nogen udenfor. Beboerne er de mennesker, som bor i huset.
– Midt på døren er der et navneskilt, og der står et navn på det. Der står BRUN. Beboerne i huset hedder altså Brun.
– Uden for døren står der en dame. Hun har ringet på, og fru Brun kommer ud for at lukke op. Damen står på måtten, og måtten ligger på trappestenen.
– Når damen er gået ind, lukker fru Brun døren igen og låser døren ved at dreje nøglen om i låsen.
– Døren er gadedøren i Bruns hus. Der er en gadedør i alle husene i gaden. Den næste dør er Petersens. Petersen er Bruns nabo. Manden, der bor i huset ved siden af ens eget, er ens nabo. Manden, der bor i huset lige overfor på den anden side af gaden, er ens genbo.
– *Hvem er Deres nabo?*
– *Hvem er Deres genbo?*

Ø

En dør er ___ af træ. Den ___ et hul i muren. Den er sat ___ i dørkarmen.
Den ___ sig på to hængsler. Der er et ___ foroven i dørkarmen og et hængsel ___.
I den modsatte side sidder der et ___.
Man bruger ___, når man vil åbne eller lukke døren. Hullet under håndtaget er ___.
Man kan ___ døren, hvis man stikker en nøgle i ___ og drejer den om.
Man kan ikke åbne en ___ dør.
Der er en dørklokke på den ___ side af karmen.
Når man ___ på knappen, ringer det inde i huset, og ___ ved, at der står ___ udenfor.
___ er de mennesker, der bor i huset.
Navnet på beboerne er BRUN, det står på ___, som sidder ___ på døren.
Beboerne ___ Brun.
Damen står på ___. Den ligger på ___.
Der er en ___ i alle husene i gaden.
Petersen er Bruns ___. Manden på den anden side af gaden er hans ___.
Man har sin nabo ved ___ af sig og sin genbo ___ for sig.

Ø

Brug ordene: **man, en, ens**

___ åbner døren ved at dreje håndtaget.
Når ___ vil vide, hvad beboerne i huset hedder, læser ___ navneskiltet.
___ ved aldrig, hvornår ___ nabo kommer og ringer på.
Andre mennesker fortæller aldrig ___ noget.
Når ___ stikker en nøgle i låsen, kan ___ låse døren op eller i.
___ giver ikke andre mennesker nøglen til ___ gadedør.
Andre mennesker giver heller ikke ___ nøglen til deres dør.
Den mand, der bor ved siden af ___ er ___ nabo.
Manden, der bor over for ___, er ___ genbo.
Navneskiltet fortæller ___, hvem der bor i huset.
Hvad gør man, hvis man finder ___ eget navneskilt på en anden mands hus?
Man sætter det hen på ___ egen dør.

Ø

Brug ordet: **altså**

Der står BRUN på navneskiltet, beboerne hedder ___ Brun. Når der er et nøglehul, er der ___ også en lås. Petersen bor i det næste hus, han er ___ Bruns nabo. Både Petersen og Brun har et hus, de har ___ ét begge to. Der er et hængsel foroven og et forneden, der er ___ to hængsler. Petersen har en gammel hat og en ny hat, han har ___ to hatte.

nye ord
nye ord
nye ord
nye ord

karm, hængsel, håndtag, nøgle, nøglehul, lås, låse, udenfor, beboer, altså, måtte, trappesten, dreje, gadedør, nabo, genbo, stikke, dørklokke, navneskilt, ringe, foroven, forneden, knap.

69. Stykke niogtres

Det er juledag den 25. december, og aftenen før er det juleaften. Juledag er en helligdag, og det er anden juledag også. Anden juledag er den 26. december. Når det er helligdag, arbejder man ikke, butikkerne er lukket, og børnene går ikke i skole, og mange mennesker går i kirke. Julen er en højtid, og i Danmark begynder højtiden allerede den 24. om aftenen. Så går folk i kirke, spiser julemiddag og har juletræ.
Årets anden store højtid er påsken. Påsken falder somme tider i marts og somme tider i april. Søndagen før påske er palmesøndag. Torsdag før påske er skærtorsdag og fredagen hedder langfredag; begge disse dage er helligdage i Danmark. Anden påskedag er også helligdag, og om lørdagen har de fleste mennesker jo fri og får således en ferie på fem dage. Syv uger efter påske er det pinse. Pinsedag og anden pinsedag er helligdage. Der er endnu to helligdage mellem påske og pinse, nemlig store bededag, der altid falder på den fjerde fredag efter påske, og Kristi himmelfartsdag, der falder 10 dage før pinse, altså på en torsdag.

Seks uger før påske er det fastelavn. Det er fastelavn på en søndag, men om mandagen er mange skoler lukket, og mange børn klæder sig ud; det vil sige, at de tager noget tøj på og en maske for ansigtet, så man ikke kan kende dem, og så går de rundt fra hus til hus og synger for at få penge til at købe chokolade for.

Skolerne er også lukket den 16. april, fordi det er dronningens fødselsdag. På de dage går mange mennesker, og især børn, til Amalienborg, for at ønske dronningen tillykke. Så står de på pladsen foran slottet, indtil dronningen kommer frem i vinduet og vinker til dem.

Den 5. juni er det halv fridag for alle mennesker og hel fridag for skolebørnene. Det er, fordi det er grundlovsdag. Den 5. juni 1849 skrev kong Frederik den Syvende sit navn under grundloven, en lov, som gav Danmark dets første parlament. Den dag ser man det danske flag alle vegne.

Man ser det også mange steder den 15. juni. Den hedder Valdemarsdagen, fordi Dannebrog – det er navnet på det danske flag – blev Danmarks flag den 15. juni 1219; dengang var Valdemar Sejr konge af Danmark.

Den 24. juni er sankthansdag, og aftenen før er sankthansaften. Den aften tager mange mennesker ud i skoven eller til stranden for at se bål. Alle vegne i hele landet brænder man bål den aften. Skolebørnenes sommerferie begynder omkring sankthans, og den varer syv uger til midten af august.
Den tredje uge i oktober har skolebørnene efterårsferie. I gamle dage hed den kartoffelferien, fordi mange børn på landet hjalp bønderne med at tage kartofler op.
Den sidste aften i året er det nytårsaften, og den første dag i året hedder nytårsdag.

Ø Det er ____ den 25. december. Dagen efter er det ____ ____.
Juledag og anden juledag er ____.
På en helligdag ____ man ikke, butikkerne er ____, og børnene går ikke i ____.
Mange mennesker går i ____.
Julen er en ____. ____ begynder allerede den 24. om aftenen.
Den anden store højtid er ____. Søndagen før påske hedder ____.

Torsdag før påske hedder ____. Fredag før påske hedder ____.
Lørdag før påske er ikke ____, men mange mennesker har ____ om lørdagen, så de får fem dages ____.
Syv uger efter påske er det ____. Der er to ____ i pinsen.
Mellem påske og pinse er der to helligdage, det er ____ ____ og ____ ____.
Seks uger før påske er det ____.
Fastelavn er en søndag, men om mandagen har skolebørnene ____, og de ____ sig ud og går fra hus til hus og synger for at få penge til ____.
Skolerne er lukket den 16. april, fordi det er ____ fødselsdag.
Så går mange mennesker til Amalienborg for at sige ____ til dronningen og de står på ____ og venter på, at hun skal komme ud og ____ til dem.
Den 5. juni er ____ fridag, fordi det er ____.
Den 5. juni 1849 ____ Kong Frederik den Syvende sit navn under ____, og Danmark fik sit første ____.
____ er navnet på det danske flag, det blev Danmarks ____ den 15. juni 1219, da Valdemar den Store var ____ af Danmark.
Den 23. juni er det ____, så tager mange mennesker ud i skoven eller til stranden om aftenen for at se ____.
Den dag begynder skolebørnenes ____. I den tredie uge i oktober har børnene ____.
Nytårsaften er den ____ dag i året, og nytårsdag er den ____ dag i året.

Ø Når en ung pige er dygtig til at lave mad og passe huset, siger man, at hun er **huslig**.

Fortsæt selv:

Når vinden kommer fra vest, siger man, at den er vest____.
Når en stue er fuld af hygge, siger man, at den er hygge____.
Når der er forskel på to ting, siger man, at de er forskel____.
Når en ting kan spises, siger man, at den er spise____.
Når De kommer i god tid, kan man også sige, at De kommer tid____.
Hvis man vil være ven med en mand, er man ven____ over for ham.
Når noget kan drikkes, siger man, at det er drikke____.

Ø Det modsatte af venlig er **uvenlig**.

Fortsæt selv

Det modsatte af hyggelig er ____.
Det modsatte af spiselig er ____.
Det modsatte af flittig er ugidelig/doven.
Det modsatte af opvarmet er ____.
Det modsatte af færdig er ____.
Det modsatte af drikkelig er ____.
Det modsatte af lighed er ____/forskel.
Det modsatte af rigtig er ____/forkert.
Det modsatte af malet er ____.

gælde (gjaldt)
Vejrudsigten ___ kun for Jylland. Hvad far sagde, ___ ikke mig.

betyde (betød, betydet)
Hvad ___ det ord? Det betyder noget andet end det, du sagde, det ___. Det ord har altid ___ det samme.

stikke (stak, stukket)
Nu ___ jeg nøglen i nøglehullet. Det er en time, siden han ___ nøglen i nøglehullet. Han har ___ sin finger på en gaffel.

tage (tog, taget)
Han ___ altid toget ud på landet. Far ___ mit æble i går. *Hvad er det for en hat, du har ___ på?*

juledag, juleaften, helligdag, højtid, tillykke, julemiddag, juletræ, påske, palmesøndag, påskedag, skærtorsdag, langfredag, fri, pinse, pinsedag, store bededag, Kristi himmelfartsdag, fastelavn, alle vegne, Amalienborg, plads, vinke, fridag, grundlov, grundlovsdag, parlament, valg, Valdemar, Valdemarsdag, Dannebrog, sankthansdag, sankthansaften, bål, efterårsferie, kartofler, kartoffelferie, nytårsaften, ugidelig, dengang, maske.

70. Stykke halvfjerds

Forklar, hvad følgende ordsprog betyder:

1. Man skal ikke kaste med sten, når man bor i et glashus.
2. Man skal ikke save den gren over, man sidder på.
3. Nu sidder vi alle vel, sagde katten, den sad på flæsket.
4. Mange bække små gør en stor å.
5. Klæder skaber folk.
6. Oven over skyerne er himlen altid blå.
7. Stik fingeren i jorden og lugt, hvor du er.
8. Man kan ikke både blæse og have mel i munden.
9. Hvad fatter gør, er altid det rigtige.
10. Som herren er, så følge ham hans svende.

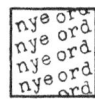

ordsprog, glashus, save, gren, lugte, fatte, følge, kaste, bæk, svend.

71. Stykke enoghalvfjerds

PETER: Du har jo øjne i nakken. *Vil du passe på min kuffert et øjeblik?*
SØREN: Ja, jeg skal nok holde øje med den. *Hvor skal du hen?*
PETER: Jeg skal lige over på den anden perron.
SØREN: Nå – det er Karen, du skal snakke med, Ja, jeg ved jo nok, at du har et godt øje til hende.
PETER: *Hvor ved du det fra?*
SØREN: Det kan man da se med et halvt øje.
ELSE: Nå, her står I.
PETER: Nej, nu er jeg gået.
ELSE: *Hvor skal du hen?* Toget kommer snart.
PETER: Lige frem efter næsen. Og du holder tand for tunge, Søren.
SØREN: Ja, jeg siger ikke noget.
ELSE: Nå, der kommer han løbende hen ad den anden perron. *Hvem er det, han snakker med?*
SØREN: Jeg har lovet ikke at sige noget.
ELSE: Nu kan jeg selv se det, det er Karen. – Men nu kommer toget kørende. *Er det hans kuffert?*
SØREN: Ja, jeg har lovet at holde øje med den.
ELSE: Så tager vi den med. Hvis toget går, før han kommer, så er vi altså væk. Vi gider ikke stå her og hælde vand ud af ørerne, mens han snakker med piger.

nye ord nye ord nye ord nye ord frem, løbende, kørende, love, snart, tand, nakke.

72. Stykke tooghalvfjerds

Mon det brev er fra John?
Det ved jeg ikke, men der er amerikansk frimærke på.
Ja, så er det nok fra ham.

Mon far er kommet hjem?
Det ved jeg ikke, men hans hat ligger på bordet.
Ja, så er han nok kommet hjem.

Mon Søren har været i vandet?
Det ved jeg ikke, men hans bukser er våde.
Ja, så har han nok været i vandet.

Mon det er Peter?
Det ved jeg ikke; jeg kan kun se ham fra nakken.
Nå, det er det nu nok.

Mon klokken er over seks?
Ja, Hansen er gået forbi huset.
Ja, så er den nok seks.

Mon mor er inde i stuen?
Det ved jeg ikke, men jeg kan høre nogen snakke.
Nå, så er hun nok derinde.

Mon vi snart skal spise til middag?
Det ved jeg ikke, men mor er i køkkenet.
Nå, så skal vi nok snart spise.

Mon vi får omslag i vejret?
Det ved jeg ikke, men der er skyer på himlen.
Nå, så får vi nok omslag i vejret.

mon, bukser, forbi, derinde.

73. Stykke treoghalvfjerds

Tag en bog og begynd at tælle ordene. I en almindelig bog er der ca. 300 ord på en side. I en bog på 300 sider er der altså ca. 90.000 ord. Det er mange. Men det er ikke 90.000 forskellige ord. Der er mange ord, som findes mange gange i bogen. De ord, som findes flest gange, kaldes de almindeligste. Det almindeligste ord på dansk er ordet »og«. Efter det kommer ordet »i«, som altså er nummer to. Og efter »i« kommer »at«, og det er altså nummer tre.
Ordet »jo« er nummer 71. Ordet »nok« er nummer 83, og ordet »mon« findes mellem de 3000 almindeligste ord på dansk. De kan altså se, at man på dansk bruger disse tre ord tit. Lad os prøve, om vi kan finde ud, af hvad disse tre ord betyder. Det er ikke så let, for de bruges på mange måder. Men lad os begynde med det letteste; det er ordet »nok«.

Her er et eksempel:

Torben skal i byen og købe en blyant, og han siger til sin mor:
Mor, jeg går i byen og køber en blyant.
– Ja, Torben, *hvad koster den?*
Den koster 3,65 kr.
– *Har du penge nok?*
Ja, jeg har, mor, jeg har fem kroner.

Og her et andet eksempel:

Hr. Hansen siger til fru Hansen:
Hvor mange timer har du sovet i nat?
– Jeg har sovet fem timer.
Det er ikke nok, du skal sove mindst otte timer hver nat.

Og her et tredje eksempel:

Torben er otte år og går i skole. Lise er kun seks år, og hun går ikke i skole, for hun er ikke gammel nok.

Dette er ikke vanskeligt at forstå. Men vi skal nu se på nogle flere eksempler, hvor vi kan se, at ordet også kan betyde noget, som ikke er så let at forstå.

Børnene er alene i stuen. Peter sidder på sin stol og slår i bordet med begge hænder. Lise taler meget højt, for ellers kan han ikke høre, hvad hun siger. Mor kommer ind, for hun kan ude i køkkenet høre, at børnene laver støj. Hun siger: »Nu kan det være nok«.

Her er det klart, at ordet *nok* betyder, at hun ikke vil have, at børnene laver mere støj. Men vi kan også tænke os, at situationen ser sådan ud:

Peter står oppe på bordet med sine sko på, da mor kommer ind, og da hun ser det, siger hun: »Nu har jeg nok af det.«

Og her betyder ordet både, at hun ikke vil have, at han gør det, og at hun ikke havde troet, at han ville gøre det. Hun er forbavset. Der er mange mennesker, der siger: »Nu har jeg nok af det«, når de bliver forbavset.

Mor siger til Peter: »Vil du bære spanden ud for mig; jeg tror nok, du kan«.

»Jeg tror nok«, betyder her, at mor mener eller tror, at Peter kan gøre det. Ordet betyder det samme i følgende sætning:

Peter ser ud af vinduet og siger til mor: »Der kommer en mand ud af naboens have.« Og mor svarer: »Det er nok Hansen.«

Nu skal vi se på en anden situation, hvor ordet *nok* igen betyder det samme, som vi lige har set:

Mor siger: »Du vil nok hjælpe mig, ikke Peter?«

og hvor det altså er moderen, der taler, og hvor *nok* siger, hvad hun tænker eller tror. Men nu vender vi sætningen om, så Peter siger:

»Jeg skal nok hjælpe dig mor«,

og så kommer nok til at betyde, at Peter lover sin mor at hjælpe hende, før hun beder ham om det. Det er altså på en måde moderens tanker, som Peter siger.

Hvis Peter er bange for, at hans mor skal sige til ham:

»Du må ikke gå over til Søren og høre radio«,

og han gerne vil gå, så siger han til sin mor:

»*Mor, må jeg ikke nok gå over til Søren og høre radio?*«,

og her kan man bruge *nok* til at betyde, at ordene ikke er hans, men mors.

Mange danske bruger ordet *gerne* på samme måde. Man siger på dansk:

Lise: *Må jeg få et æble, mor?*
Mor: Ja, det må du gerne, Lise.

Men børn siger tit:

Lise: *Må jeg gerne få et æble, mor?*

og det betyder, at de selv siger det, som de vil have, at mor skal sige. Der er altså en dobbelt bevidsthed i ordene, og det betyder, at man kan se, at der er to personer, der tænker ordene på en gang. Men det betyder også, at den der taler, ikke er sikker på, hvad han siger; han er høflig, og derfor taler han med maske på.

Men nu skal vi se på en ny situation:

Fru Hansen går hen til bordet i stuen for at tage et æble i en skål. Der er ingen æbler i skålen, og hun vender sig om, idet hr. Hansen siger:

»Der var nok ikke noget i den skål.«

Her siger hr. Hansen, hvad han selv tænker, men han siger det, som om det er noget, fru

Hansen tænker, og det er ordet *nok,* som gør dette.

Vi må have et eksempel til:

Peter skal hen til Søren klokken seks. Han kommer allerede klokken halv seks, og der står Sørens søster i døren. Hun er på vej ud. Da Søren ser Peter, siger han:»Nå, det var nok godt, at du kom så tidligt, Peter, ellers havde du ikke set Lise.«

Her siger Søren noget, som han mener eller tror, at Peter kunne have sagt. Men det er noget, han siger, fordi han ved, at Peter godt kan lide Lise. Men Peter kan ikke lide, at Søren siger det, så Søren er ikke høflig – han driller Peter.

På Fyn bruger man ordet *nok* meget. Hvis De rejser i tog eller bus med en fynbo (en person, der bor på Fyn), så begynder han at snakke med Dem:

Fynboen:	Nå, du skal nok ud at rejse.
De:	Ja, det skal jeg.
Fynboen:	Du er nok ikke fra Odense.
De:	Nej, det er jeg ikke, jeg er fra Amerika.
Fynboen:	Så er du nok ikke fra New York.
De	Jo, det er jeg.
Fynboen:	Ja, du kommer nok ikke fra Fåborg, *vel?*
De:	Nej, jeg kommer fra Davinde.
Fynboen:	Nå, så er det nok dig, der bor hos Larsens i Vestergård.
De:	Ja, det er.
Fynboen:	Ja, det tænkte jeg nok.

Her bruger fynboen hele tiden ordet *nok,* fordi han på den måde selv siger, hvad han tror eller mener, den anden person tænker. Han er høflig, og derfor giver han den anden person maske på og bliver ved med at tale til ham, indtil masken falder.

Nu vil vi se på det næste ord, ordet »jo«: De ved, at når man siger:

Vil du med i biografen?

så skal svaret være: Ja, det vil jeg gerne.

Men hvis jeg siger: Du vil vel ikke med i biografen,

så skal man svare: Jo tak, det vil jeg gerne.

Når vi bruger ordet »jo« på denne måde, har det et stød, et lille stop i midten, sådan: jo'o. Men det, vi skal tale om nu, er, hvad vi gør, når vi bruger ordet uden stød, for eksempel:

Vil du med i biografen?
Ja, det skal jeg jo.

Denne samtale er en kort samtale. Hvis vi vil vide, hvad »jo« betyder, må vi have hele samtalen. Her er den:

Torben:	*Vil du med i biografen, far?*
Far:	Nej, det vil jeg ikke.
Torben:	Jo, far, det skal du; *vil du så med?*
Far:	Det skal jeg jo.

Hr. Hansen siger altså, hvad Torben siger, at han skal sige. Han bruger Torbens ord som sine egne. Vi har her igen en dobbelt bevidsthed. Vi skal have et eksempel til:

A: Peter kom ikke til Paris i sommer.
B: Nå, det var jo synd.

Her siger B noget, som A vil have ham til at sige, og derfor sætter han »jo« ind. Hvis B siger, hvad han selv mener, siger han:

Nå, det var synd.

Ordet »jo« betyder altså: Disse ord er ikke mine egne, det er dine, og jeg vil gerne sige dem, men jeg har ikke sagt, hvad jeg selv mener.

Mens ordet »nok« lægger den talendes ord ind i den andens mund og derved giver ham ansvaret, så betyder »jo«, at man bruger den andens ord, men at man ikke vil have ansvaret for det. Man taler altså her med maske på. Lad os tage et eksempel til:

Peter er faldet på gaden, og der er hul i hans bukser, Karen kommer hen til ham og siger: »Du skal ikke græde, du er jo en stor dreng«.

Karen bruger altså de ord, som Peter skulle sige:

Jeg er en stor dreng, jeg vil ikke græde.

Og her et eksempel til:

Torben står foran sin far, og hr. Hansen siger:

»Du ved jo godt, at jeg ikke vil have det; jeg har jo sagt det mange gange.«

Her betyder ordet »jo«, at når hr. Hansen siger til Torben: »Du ved jo godt«, så skal Torben forstå, at det gør han, for ordene er hans – selv om han ikke har sagt dem.

Hvis en mand fra et andet land siger til en dansker: København er en dejlig by,

og danskeren svarer: Ja, det er den jo,

så har danskeren kun sagt: Ja, det siger du jo; men han har ikke sagt, hvad han selv mener, for det kunne jo være synd for manden, hvis man sagde nej.

Og hvis manden fra det andet land så siger: Danskerne er kede af det hele,

og danskeren svarer: Ja, det er de jo nok,

så kan manden tro, at danskeren har sagt: yes og enough, men det har han ikke. Han har taget to masker på, fordi manden taler om ham selv, og han har kun lagt ordene i mandens mund igen og sagt, at han ikke vil have ansvaret. Men danskeren mener nej.

De kan se, at hvis man ikke forstår ordet »jo«, kan man ikke forstå, hvad en dansker siger.

Nu kommer vi til det tredje ord, ordet »mon«.

Vi bruger ordet til at vise, at det, vi siger, er et spørgsmål.
Vi siger altså:

Mon han kommer i aften?

Ordet ligner det engelske ord »do«, men det betyder noget helt andet. Men vi må have et eksempel:

Hr. og fru Hansen står og ser ud ad vinduet og ser en mand komme nede på gaden. Så siger fru Hansen: »Mon det ikke er Olivera?«

Fru Hansen ved godt, at det er hr. Olivera, men hun vil have, at hr. Hansen skal sige det, for han svarer så:

Jo det er, det er ham.

Når vi bruger ordet »mon«, er vort spørgsmål altså ikke et rigtigt spørgsmål, men vi spørger sådan, at den anden skal afgøre sagen eller tage ansvaret. Hvis vor ven fra det andet land derfor spørger:

Er danskerne kede af det hele?

og vi svarer: *Mon vi er?*

så mener vi : Nej, men vi lader ham tage ansvaret for at sige det. – Og siger vi:

Mon ikke?

så mener vi: Jo, det er vi, men det må du selv tage ansvaret for, når du spørger – men hvorfor spørger du? Og så har manden ikke fået noget svar alligevel.

Det er meget almindeligt. Mange unge mennesker bruger de to ord: »mon ikke« meget tit:

A: *Var der mange mennesker i biografen i aftes?*
B: *Mon ikke?*

B mener altså »ja«, men han vil ikke sige det, og siger i stedet for til
A: Det ved du jo godt, *hvorfor spørger du?*

A: *Kender du Peter?*
B: *Mon ikke?*

A: Du har nok fået dig en øl.
B: *Mon ikke?*

A: *Mon du kan gøre det for mig?*
B: *Mon ikke?*

Især i nogle dele af København er det almindeligt at sige »mon ikke«, og især i København er der mange mennesker, som bruger disse tre vanskelige ord.

Hvad der her er sagt om de tre vanskelige ord »nok«, »jo« og »mon« er noget, man også kan finde på andre sprog. Der er også andre mennesker, der taler med maske på. Men i de fleste andre sprog bruger man ikke sådanne ord til at lægge ansvaret over på andre mennesker.

Disse tre ord *nok, jo* og *mon* er vanskelige. Men nu forstår De dem? MON IKKE?

almindelig, tit, betyde, vanskelig, mene, situation, tænke, bevidsthed, ansvar, fynbo, samtale, stød, stop, synd, egen, talende, ked, afgøre, især, sætning, forandre, støj, klar, forbavset, tanke, høflig, drille, ligne, sikker, falde.

74. Stykke fireoghalvfjerds

Postbudet bringer breve og pakker ud til folk. Han henter dem på posthuset. Hvis du vil sende et brev til en anden person, går du hen til posthuset og lægger brevet i postkassen. Man kan også sende aviser med posten, og man kan sende penge.
Hvis du vil sende penge, går du ind på posthuset og skriver en postanvisning eller et girokort. Så giver du manden eller damen på posthuset anvisningen eller kortet, betaler pengene og går igen. Dagen efter har manden, du sender pengene til, fået dem.
Her kan du se, hvordan en postanvisning og et girokort ser ud.
Hvis du vil sende en pakke til en anden person, går du også ind på posthuset. Du skriver et adressekort og giver manden på posthuset kortet og pakken. Du betaler portoen, og så går din pakke af sted.

pakke, posthus, postkasse, avis, postanvisning, girokort, adressekort, porto.

75. Stykke femoghalvfjerds

I Jylland ligger der en by, som hedder Ebeltoft. Egnen omkring Ebeltoft hedder Mols, og beboerne på Mols kaldes Molboer.
Når De siger ordet »molbo«, vil De ofte se danskere smile. Det er ikke, fordi molboer ikke er lige så gode som andre danskere, men fordi der fortælles så mange historier om dem. I mange lande fortæller man historier om beboerne i en vis del af landet, og disse historier siger som regel noget om, hvor dumme mennesker kan være. Men der er ingen, der ved, hvorfor det i Danmark er molboerne, vi fortæller historier om. Molbohistorierne viser noget om, hvad dansk humor er. Her er en:

En sommer havde storken fået den slemme vane at gå rundt i rugmarken for at fange frøer. Det var molboerne kede af, for de var bange for, at den skulle træde kornet ned. De talte længe frem og tilbage om, hvordan de skulle få den væk, og til sidst blev de enige om, at den gamle hyrde, der passede køerne, skulle gå ind i kornet og jage storken ud. Der blev sendt bud efter ham, men lige da han skulle til at gå ind på marken, så de andre, at hans fødder var meget brede og store, og de blev bange for, at han skulle træde mere korn ned end storken.
Der stod de og vidste ikke, hvad de skulle finde på. Til sidst var der dog en af dem, der fik en god idé. »Det kan vi let klare,« sagde han. »Hvis vi bærer ham derind, rører han slet ikke ved jorden, og så træder han ikke kornet ned med sine store fødder.«
Det syntes de alle var en god idé. De tog markleddet af, og hyrden satte sig på det. Otte mand bar ham ind i kornet, og snart fik de storken jaget ud, uden at hyrden trådte kornet ned med sine fødder.

Sådan er alle molbohistorier. Og De vil forstå, at når en dansker siger: Det var en værre molbohistorie, så betyder det, at der er sket noget, der er ligeså dumt som det, der sker i molbohistorierne.

Her er et eksempel:

Lars og Peter er ude at fiske, og Lars kaster sin snøre ud.
Peter: Proppen går under, Lars. Det må den ikke, den skal flyde på vandet.
Lars: Det er da nemt nok; jeg flytter proppen lidt højere op på snøren.

Og her kommer så en molbohistorie til:

Molboerne skulle engang grave en brønd. Efter nogen tid blev de enige om, hvor den skulle være, og så begyndte de at grave. De gravede og gravede, og hullet blev dybere og dybere, og jordbunken ved siden af hullet blev større og større.
Til sidst var brønden færdig. Men nu vidste de ikke, hvad de skulle gøre med al den jord, de havde gravet op. De talte længe frem og tilbage om sagen, men ingen kunne klare det. Til sidst var der dog en, der fandt på, at de kunne grave et hul et andet sted og komme jorden i det.
De andre syntes, at det var en god idé og ville straks begynde.
Da var der en anden molbo, der sagde: »Ja, men hvor skal vi så gøre af den bunke jord, som vi får fra det andet hul?«
»Det er da let,« sagde den første. »Vi graver hullet så stort, at begge bunkerne kan være i det«.

? *Hvad er Ebeltoft?*
Hvad er Mols?
Hvad er en molbo?
Hvorfor smiler danskere, når man siger ordet »molbo«?
Hvad er det at være dum?
Hvad er en stork?
Hvor gik storken i historien?
Hvorfor var molboerne kede af det?
Hvad blev de enige om?
Hvem skulle jage storken ud?
Hvordan fik de ham til at komme?
Hvad blev de bange for, da han skulle til at gå ind i kornet?
Hvordan kunne de klare det?
Hvad syntes de om ideen med at bære ham?
Hvad bar de ham på?
Hvad gjorde Lars og Peter?
Hvordan ville Lars få proppen til at flyde på vandet?
Hvad er en brønd?
Hvad er en jordbunke?
Hvor kunne de gøre af jorden?
Hvad dumt er der i denne historie?

Ø **jage** (jog, jaget)
Hyrden ____ storken ud nu. I går ____ han den også ud. Vi har ____ den ud mange gange.

røre (rørte, rørt)
Man ____ ved jorden, når man går. Han ____ i kaffen med en teske. Man kan se på din hånd, at du har ____ ved stigen

flyde (flød, flydt)
Proppen ____ på vandet. Lars lå og ____ på vandet i en time. Vandet har ____ hele natten.

flytte (flyttede, flyttet)
Han ____ fra hus til hus. Han ____ sig fra stolen, så jeg kunne sidde ned. Mon han har ____ sig?

finde (fandt, fundet)
Peter ____ os aldrig. Hvad ____ de på at gøre i forgårs? Hvem har dog ____ på det?

Ø Forklar hvad følgende sætninger betyder:

Han har den vane at gå tidligt i seng.
Han går som regel i seng kl. 10.
De sendte bud efter lægen.
Det var mere, end han kunne klare.
Han syntes, at det var en god idé.
Hvad skal vi dog finde på?
De blev enige om at gå i biografen.
Hvad skal vi gøre af bøgerne?

Ø	slem	værre	værst
	god	–	bedst
	gammel	–	–
	lille	–	–
	stor	–	–
	ung	yngre	–
	lang	–	–

molbo, historie, som regel, dum, humor, stork, vane, rugmark, frø, hyrde, jage, bred, bud, bange, idé, klare, røre, markled, molbohistorie, fiske, snøre, prop, flyde, flytte, brønd, grave, bunke, jordbunke, enig, værre, slem, passe, smile, fange.

76. Stykke seksoghalvfjerds

En af de bedste repræsentanter for dansk humor i det 20. århundrede var Robert Storm Petersen. Han har malet billeder, han har tegnet tegneserier, og han har skrevet bøger. Alle danskere kender hans navn, og selv om de ikke har læst hans bøger – hvad mange har – har de set hans tegneserier eller hørt historier om ham. Hvad han ville sige til folk var: Hvorfor gør I tingene så vanskelige, når de dog er så simple? og så laver han en tegning, hvor man ser en mand bruge en maskine, der absolut ikke er simpel, for at sætte en flaske øl for munden. Hans bedst kendte tegning er vel nok tegningen af den fattige mand, der står ude i skoven juleaften og tager hatten af, da han ser en stjerne lige over et lille grantræ; sådan fik han altså juletræ. Her følger en af hans historier; det er ikke en af hans bedste, men den er ikke vanskelig at læse:

Luther siger, at visse individer har fundet deres helvede allerede i dette liv, læste min ven Herbert i en bog af Strindberg – vi sad i hans store, hyggelige stue – men vent lidt – lad mig se – jeg har jo den bog, hvor Luther siger disse ord – lad mig nu se – her må den stå i den tyske reol – han søger i mange minutter – men bogen er der ikke – ja, ja da – siger han så og sætter sig – – – den hører altså til før istiden.
Før istiden? spørger jeg.
Ja, jeg kalder det før istiden – der var nemlig en gang, at jeg opdagede, at en masse af mine allerbedste bøger var væk – de var lånt ud – og jeg havde glemt at skrive op, til hvem jeg havde lånt dem.
I lang tid gik jeg og tænkte på at slå brædder for reolerne – eller låse bøgerne nede i kasser – men man holder nu engang af at se alle de hyggelige, pæne bogrygge stå der i reolerne, og så en dag fandt jeg på at sætte den lille seddel op, som du ser der på hver reol på fjerde hylde fra neden – man kan forresten ikke undgå at se den – når man kigger efter bøgerne – og efter den tid har jeg haft mine kære bøger i fred – der er aldrig nogen, der spørger, om de må låne.
På seddelen stod:

Vor tabte lykke, vore glade unge dage
og vore udlånte bøger – får vi aldrig mere tilbage.

Hvem, der har lavet verset, ved jeg ikke, men det gør sin nytte – hvor mange vers gør det – – – på den måde?

? *Hvem var Storm Petersen?*
Hvad har han malet?
Hvad har han tegnet?
Hvad har han skrevet?
Hvad er en tegneserie?
Hvad ville han sige til folk med sine tegninger?
Hvad er et juletræ?
Hvad er en stjerne?
Hvad er et individ?
Hvad læste Herbert i en bog af Strindberg?
Hvad er helvede?
Hvor søgte han efter bogen?
Hvad er en reol?
Hvad er en hylde?
Hvad er reoler lavet af?
Hvad er istiden?
Hvorfor talte Herbert om istiden?
Hvad er det modsatte af at huske?
Hvad er det at låne?
Hvad er brædder?
Hvad er en ryg?
Hvad stod der på seddelen?
Hvad gør man, når man vil undgå nogen?
Hvad er det modsatte af tilbage?
Hvad er det modsatte af lykke?
Hvad er en kasse?
Hvad er det modsatte af fra neden?

Ø Forklar følgende sætninger:

Man kan ikke undgå at se ham.
Det er en god ting at gøre nytte.
Lad mig være i fred.
Jeg holder meget af ham.
Lykken kommer, lykken går.
Det er det allerbedste, jeg ved.
Jeg opdagede, at han var væk.
Han satte flasken for munden.
Han gjorde livet til et helvede for sig selv.

Ø Lav følgende sætninger til spørgsmål ved at sætte ordet **vel** bagefter sætningen eller ind i den:

Du har ikke været her. *Du har ikke været her, vel? Du har vel ikke været her?*
Hun har ikke læst bogen. *Hun har ikke læst bogen, ___? Hun har ___ ikke læst bogen?*
Hyrden måtte ikke træde rugen ned.
Han tog ikke hatten af.
Hun lod mig ikke være i fred.
Bogen var ikke i reolen.

Han satte ikke flasken for munden.
Du er ikke vanskelig.
Han gør nytte.
De opdagede ham.
Proppen flød på vandet.
Han går som regel i seng kl. 10.
Du ved for resten, hvad han sagde.
Han kastede snøren ud.
Han er bange for dig.
Du sender bud efter mig.
Vi er enige.

også/nemlig

1. De var i stuen alle tre, også Lars.
   Skoven er dejlig, ikke også?
2. Der var tre dyr, nemlig to hunde og en kat.
   Det er nemlig sådan, at jeg har glemt det.

Af disse sætninger kan man se, at ordet **også** viser tilbage og fortæller, at noget er rigtigt, som man ved, og at ordet **nemlig** viser frem i sætningen til noget, som kommer, og som vi siger er rigtigt og sandt.

Indsæt **også/nemlig** i følgende sætninger:

1. De læste bogen begge to, ___ han
2. Det er ___ sådan, at det er den eneste måde at få fred på.
3. *Han kommer kl. 2, ikke ___?*
4. Det huskede du ___ ikke.
5. Paris er en dejlig by, og det er Rom ___
6. Det er ikke Peter, for det er ___ Lars.
7. Det har du ___ aldrig set før.
8. Der går nogen ude på gaden. Ja, det gør der ___
9. *Var du der ___?* Ja, det var jeg ___
10. Når du har sagt det til ham, må du ___ sige det til mig.
11. Det er ___ mig, der skal have det at vide.
12. Han var ___ den eneste, der kunne svare.
13. Vi ved godt, hvem der har skrevet historien, det er ___ Storm P.
14. Han har ___ skrevet andre historier.
15. *Det vil du nok, ikke ___?*
16. Der var tre drenge på isen, ___ Lars, Peter og Søren.
17. Det må du spørge mig om, jeg er ___ den eneste, der ved det.
18. Det tog lang tid at gå til byen, der var ___ langt.

repræsentant, tegne, tegning, tegneserie, simpel, stjerne, grantræ, individ, helvede, reol, hylde, istid, opdage, glemme, låne, allerbedst, brædder, kasse, bogryg, for resten, undgå, fra neden, fred, tabe, lykke nytte, liv, skov, nemlig, masse.

149

77. Stykke syvoghalvfjerds

Hullet

For nogen tid siden sagde Graves, vor arbejdsformand, til os, at han havde et ekstra fint arbejde til os, som ingen nogensinde havde haft bedre, og som ingen skulle komme at klage over. Jeg vil ikke påstå, at vi var særligt trygge ved disse fine ord, det var vel simpelthen det værste arbejde, der kunne findes i syv miles omkreds.

Vi kørte af sted i en åben jeep, ud til de store pladser, hvor kranerne står og hiver det ene hus efter det andet op fra lastbilerne. Her standsede køretøjet og vi sprang af og gik ind over marken.

»Kom så, gutter,« sagde Graves.

Vi luntede efter så langsomt vi kunne, for at han ikke skulle tro, at vi var særligt varme på tjansen.

»Go ahead,« sagde han så og svang med sin højre hammer, det absolut værste han kan finde på at sige for mig, men han gentog, det dumme dyr, »go ahead, grav et hul.«

Han pegede meget bestemt på jorden, så der ikke kunne være tvivl om, hvor hullet skulle være, og så pludselig tog fanden ved ham og han fløj af sted til det rådne køretøj.

Der stod vi.

Dagens første dårlige vittighed faldt, jeg skal ikke gentage den, vi sprang den alle sammen over og begyndte at grave med ryggen til hinanden, tog smukt græstørven af og lagde den i pæne dynger, fjernede overjorden og kørte den sammen og så begyndte vi at grave os nedad i et hul, der var omtrent seks gange seks meter, så der var nok at gøre for os alle otte.

I løbet af de første morgentimer gravede vi os selv ned, så vi stod under jorden til midt på brystet.

Efter frokost sagde Tape, at han var sikker på, at hullet ikke skulle være dybere. Absolut sikker. Der var ingen grund til, at det skulle være dybere. I hvert fald var der jo ingen grund til at grave det dybere, hvis det ikke skulle være det. Det var bedre at vente og se, til Graves kom tilbage og gav ordentlig besked.

Hertil svarede Gringo, at han var sikker på, at hullet skulle være dybere, for aldrig i sine dage havde han set så stort et hul, der gik så lidt nedad. Ganske vist anede han ikke noget om, hvad der skulle være der, men da det var Graves, der havde med det at gøre, ville han bedst tro, at det var en nedadvendt skyskraber, der skulle puttes derned.

Nu sagde Drain, at vi jo egentlig ikke vidste, hvor stort hullet skulle være, men hvis det skulle være så stort, som vi havde gjort det til, så ville han mene, at der ikke kunne være tvivl om, at hullet skulle være meget dybere, ellers ville Graves have givet meget klar besked derom, eller også ville han været kommet meget hurtigt tilbage, for han var en mand, der ikke lod nogen sidde og vente. Han kunne heller ikke lide spildt arbejde.

Jeg sagde nu, at jeg ikke var helt sikker på, at hullet skulle have været slet så stort, jeg ville, hvis jeg havde haft noget at sige, have gjort det nogle meter mindre. I så fald kunne vi have sparet nogle meter i dybden eftersom alle fornuftige mennesker var enige om, at jo større et hul var, des dybere skulle det også være.

Jess, der er min specielle ven og modsiger, spurgte mig nu, ganske privat, sagde han på sin skærende måde, hvordan jeg kunne vide noget om, at alle mennesker mente, at store huller skulle være dybe, da han netop havde den opfattelse, at meget store huller skulle være meget flade, fordi, sagde Jess, ellers bliver de alt for store i det hele taget.

Vi gik nu atter til arbejdet og gravede os en meter eller så nedad, hvorved vi efterhånden fik besvær med at kaste jorden op. Dette satte gang i diskussionen om hensigten med det hele. De fleste holdt på, at vi var i færd med at grave grunden ud til en kælder til et hus. Ja, mange var allerede langt henne i diskussioner om, hvem der skulle bo i huset, hvilke elskerinder han havde, og hvor mange gange han kunne pr. døgn, pr. uge, pr. måned, pr. år og ved ekstraordinære lejligheder, som er det emne der almindeligvis interesserer os mest. Jeg og nogle få mente, at det drejede sig om en ny bunkers, for jeg havde fornylig læst i avisen, at regeringen vist nok ville bygge nogle smarte tyvemands beskyttelsesrum rundt om i de nye bebyggelser. Det var et af dem, vi var i gang med, og det var derfor Graves var gået sin vej, fordi han var bange for ikke at kunne holde tæt med, hvad han vidste, og det var selvfølgelig en hemmelighed.

Jess, der er den skrappeste grønskolling, der endnu har fået lov til at gå på to ben, sagde, at det hele ingenting var til, og han så ud som om det var ham aldeles ligegyldigt.

Nu sagde den gamle mand Herbert, at han ikke kunne fordrage at være til grin, så hvis der var flere, der troede, at det var det, der var meningen med det hele, så skred han på stedet, og så var han i øvrigt færdig med Graves.

»Jeg er ikke sikker på det,« sagde den lille Drain, »Graves kunne aldrig finde på den slags ting. Jeg tror, du kan være ganske rolig, Herbert. Hvorfor i alverden skulle han finde på at holde os for nar. Det koster penge. Han smider ikke penge ud til ingen nytte.«

Dermed var Herbert beroliget og gav sig til at arbejde videre, men ud på eftermiddagen, hvor vi var så dybt nede, at vi måtte lave en trappe for at få jorden op, og hvor der stod en mand på hver trappe, var det Drain, der begyndte, fordi han stod nederst.

Han sagde, at han ikke rigtig kunne forstå, hvorfor hullet skulle være så dybt. Han syntes, at det var tilstrækkeligt dybt.

Nu gik vi alle, der på det tidspunkt kørte jord væk i trillebørene, hen til kanterne og så sammen med dem, der stod på trapperne, ned i hullet og ned på Drain, der stod dybest nede. Også jeg fandt, at hullet var tilstrækkelig dybt. Ja, der var i denne sag så stor en samstemmighed, at den blotte tavshed virkede som et ekko af Drains ord. Hullet var dybt nok, det kunne ikke være muligt, at det skulle være dybere.

Graves kom ikke mere den dag, og han var der heller ikke næste morgen, så vi blev enige om, at hullet nok alligevel skulle være dybere, og inden frokost havde pumpen pumpet tørt, nye brædder var kørt til af en lastvogn, og vi var på vej nedad, langsomt, fordi vi var så få og der måtte seks mand til at skovle jorden fra trappe til trappe, mens den syvende kørte jorden bort i trillebør.

»Det er ikke rimeligt,« sagde Herbert, »ikke med håndkraft, jeg ville ikke sige noget til det hul, hvis det blev gjort med maskiner, men ikke med mennesker.«

»Jeg sagde det til at begynde med,« sagde Tape, »det var mig, der begyndte at advare, men nu siger jeg ikke noget mere. I har selv været ude om det. Da jeg sagde, at det var dybt nok, da var det dybt nok.«

»Langtfra dybt nok,« sagde Gringo, »jeg husker det meget godt. Men hvis du bilder dig ind, at du er sådan en ekspert på huller, hvorfor kunne du så ikke have sagt til, da det virkelig var dyt nok. Kan du måske sige, om det er dybt nok nu?«

»Nu er det for dybt,« sagde Tape, »alt for dybt.«

»Nej,« sagde Jess.

»Jo,« sagde jeg.

»Der skal fyldes mindst seks meter i.«

»Der skal bare graves,« sagde Jess.

»Nå,« sagde jeg.

»Måske seksenhalv,« sagde Tape og lagde hovedet på skrå, »måske sekstrekvart.«

»Vrøvl,« sagde Gringo.

»Ved I, had det er,« sagde Down, »det er et hul til at spytte i, og så gik han hen til kanten og spyttede fra sin trappe lige ned ved siden af Drain.

»Eller til at elske i,« sagde Gringo.

Nu stod vi der med det store hul og vidste ikke, om vi skulle gøre det dybere eller vi skulle kaste det til igen.

»Jeg er alligevel ikke sikker på, at det er rigtigt at kaste det til igen,« sagde Herbert, der jo var den ældste og mest erfarne, »det er trods alt et hul, ikke sandt, og før Graves har set det, er der jo ingen grund til at fylde det. Det er jo muligt, at det skal være dybere, selv om jeg ikke forstår hvorfor.«

»Meget dybere,« sagde Jess.

Vi måtte nu bære jorden op i spande fra hånd til hånd.

Det var ingen rimelig arbejdsform, sagde Herbert, men vi fik jo vores løn, så vi kunne i grunden være ligeglade med, hvor tosset det gik til.

»Nej,« sagde Wales, »det er det, vi ikke kan være ligeglade med, det er det, der er galt ved det hele; hvis det hele havde været planlagt anderledes, hvis vi havde vidst, hvad vi gik i gang med, hvis vi havde fået *tegninger,* eller hvis Graves havde sat os ind i sagerne, så kunne vi med vor praktiske erfaring have forklaret ham, at den måde ville vi ikke arbejde på, det skulle gøres anderledes. Nu holder vi op, til Graves kommer.«

»Og hvis han ikke kommer,« sagde Jess.

»Han kommer,« sagde Drain.

»Nej,« sagde Jess.

»Hvorfor skulle han ikke komme?«

»Der er jo ingen grund til det,« sagde Jess, »han har sat os i gang.«

»Jamen, han har jo ikke sagt os, hvor dybt hullet skulle være,« sagde Drain, »det vil han gøre, det er jeg sikker på.«

»Han kommer ikke,« sagde Jess.

»Hvad er det I skændes om,« sagde Gringo.

»Jess siger, at Graves ikke kommer.«

»Vrøvl,« sagde Gringo.

Alle sagde vrøvl.

»Der kan du bare høre,« sagde jeg til Jess.

»Skal vi gå i gang med arbejdet,« sagde han.

»Vil *du* arbejde, som ikke regner med, at Graves kommer og siger, hvor dybt hullet skal være?« sagde Drain.

Jess grinede.

»Nå,« sagde Jess.

Nu kom Graves heller ikke den dag og heller ikke den næste morgen, men vi tog fat med pumpen og kom i gang igen, men det gik meget langsomt.

»Graves må have meget travlt,« sagde Drain op på formiddagen.

»Ja, meget,« sagde Jess, » kan du ikke efterhånden arbejde for arbejdets skyld?«

»Det har ikke meget med den sag at gøre,« sagde Drain.

»Jo,« sagde Jess.

Vi sad og hang omkring bordet ved frokosten.

»Fejlen er, at vi ikke gravede hullet endnu større,« sagde Jess desperat, »så kunne vi have gravet det endnu dybere, og så ville vi ikke have været så utålmodige efter at få at vide, om Graves blæser os et langt stykke eller ej.«

»Nå, er du også kommet på det hold,« sagde jeg til Jess.

»Nej,« sagde han. »Jeg er tilfreds med tingene som de er, men I kan ikke lade mig være i fred. Jeg beder jer jo ikke om noget.«

»Vi kunne spørge én af ingeniørerne,« sagde Wales, hvad det er for en fordømt dårligt planlagt opgave, vi er blevet sat på.«

»Ingen af ingeniørerne er hjemme nogensinde,« sagde Gringo.

»Vi kunne klage til fagforeningen.«

»Hvad rager det fagforeningen, der er jo ikke noget i vejen med jobbet, du bestemmer jo selv tempoet.«

»Men arbejdstilsynet må vel have et lille ord at skulle have sagt,« sagde Wales, »hvad?«

»Nej,« sagde Tape, »de når aldrig herud, de bliver forhindret af en frokost undervejs.«

»Nogen ret må vi da have,« sagde Wales.

»Vi kan jo bare gå vores vej,« sagde Jess.

»Gå vores vej,« sagde Drain, »men det er der jo slet ikke grund til.«

»Så kan vi sætte os på kanten og se på hullet,« sagde Jess, »lade det fyldes med vand og kaste en fiskesnøre ud, invitere piger herhen og lade dem se det hul, vi har gravet, og tage dem om livet. Det er tilladt.

»Det kunne blive en køn historie,« sagde Drain.

»Hvad var det i grunden, Graves sagde,« sagde Herbert.

»Grav et hul,« sagde Gringo.

»Men han pegede ikke dér, hvor vi har gravet, sagde Herbert.

»Jo,« sagde jeg.

»Nej,« sagde Herbert, »han pegede længere ovre i den retning.«

»Det kan der være noget om,« sagde Drain.

»Jeg er lige ved at tro, at der er noget i det, Herbert siger,« sagde Gringo.

»Måske,« sagde Tape.

»Nej,« sagde Jess.

»Hvad ved du om det,« sagde Tape.

Nu gik vi rundt og prøvede at finde ud af, hvor vi havde stået henne, da vi var kommet over marken sammen med Graves og havde stået omkring ham og hørt ham sige »grav et hul« og pege ned. Netop det sted, vi havde stået, lå midt ude i den tomme luft, men vi prøvede nu at forestille os, hvordan det var da vi stod der, og hvorledes vi stod der, og hvorledes han pegede, om han pegede lige ned, lige ud, eller hvor meget skråt nedad. Mærkeligt nok kunne ingen af os huske helt bestemt, om Graves havde peget med højre eller venstre hånd, men pludselig erklærede Tape, at Graves var kejthåndet, så han måtte absolut have peget med venstre hånd, men her var alle mod alle, nogle påstod, at Graves var kejthåndet, andre sagde, at han kun brugte højre hånd, mens Drain mente, at Graves have trænet sig til at bruge begge hænder lige godt. Jess sagde, at Graves efter hans mening havde peget med noget helt andet, der var meget bedre at pege med.

Skønt vi ikke var ganske sikre på, hvor vi havde stået henne, eller hvorledes Graves havde peget, eller hvilken hånd han havde peget med, blev vi enige om at kaste hullet til og begynde at grave et nyt hul.

Da vi havde gravet det i dybden et par dage, sagde Jess: »Der er ingen, der siger noget mere. Er det ved at gå op for jer, hvad det er I er med på? Det er os, der har bestemt dette her hul, forstår I. Vi kan smide skovlene på stedet. Det er ligemeget, hvor stort det er, det er ligemeget, hvor dybt det er. Det er vores hul. Det eneste rigtige, der er sagt om denne sag, var den dårlige vittighed, Tape brændte af, straks Graves var faret af sted. Det skulle være et lillebitte hul, og resten af tiden skulle vi blot sidde på hver vores knold og drikke en øl.«

»Sådan har du ikke sagt før,« sagde jeg.

»Men det har da hele tiden været min mening,« sagde han, »jeg ville bare holde ud og selv bestemme tidspunktet«.

»Det er muligt, knægten har ret,« sagde Herbert, der stod nederst i hullet, »lad os gå op og sætte os.«

»Men nu lader vi hullet være, som det er,« sagde Jess, »Graves mente et lille hul, vort hul er for stort, men vi kan gøre hvad vi vil, for vi kunne ikke vide, hvad han ville, vi kan bare gøre, som vi selv vil og gøre hullet netop så stort, som det passer os. Hullet kan jo gøres mindre igen, om så skulle være.«

Nu sad vi på hver sin knold og ud fra altanerne på de store seksetagers, der lå spredt over terrænet, fløj klare sæbebobler fra børnene, der blæste som gale, mens de hjemmeværende hustruer lå inde på sofaerne og så med små øjne ud på os, og vi gjorde store øjne til dem og blev siddende og talte, om alle de kvindfolk, hvor dejligt det ville være, mens dagen gik, og kvinderne kom ligesom tilfældigt ud på altanerne, og vi kom også i snak med nogle i morgenkjoler sent på eftermiddagen, og de lo til os, de forstod jo godt, selvfølgelig, og det kunne have været helt dejligt, den var lige ved at være god nok, hver sin, så kom Graves drønenede.

Han kom springende hen over marken til os og prøvede at være meget kortfattet og sagde, at hullet ikke var nært dybt nok. Men inden han nåede at stikke af igen, sagde Jess meget bestemt til ham, om han ville være så venlig at sige os, hvor dybt præcist hullet skulle være, så vi kunne se en ende på arbejdet.

Graves sagde meget alvorligt, at det var planen, at hullet skulle graves helt ned til kineserne, ganske nøjagtigt til spaden rørte ved den første kineserfod.

Herbert spurgt ophidset om Graves havde tænkt sig, at det skulle gøres med håndkraft.

»Det var planen,« sagde Graves, »I kan sikkert regne med, at det tager en rum tid. Da det jo er første gang, det bliver gjort, har man ikke turdet gøre noget overslag. Men det er vel i grunden også det samme?«

Han så på os.

»Helt det samme,« sagde Jess.

Vi er i øjeblikket godt to kilometer nede i jorden. Vi er alle på det rene med, at der er et stykke vej igen.

Denne historie er aftrykt med tilladelse fra forfatteren Peter Seeberg. Visse ord er udeladt og nogle få er ændret.

nye ord
nye ord
nye ord
nye ord

arbejdsformand, mil, gutter, tjans, vittighed, græstørv, overjord, skyskraber, besvær, skarp, grønskolling, grin, nar, trillebør, vrøvl, hold, arbejdstilsynet, ingeniør, knold, sæbebobler, overslag, håndkraft, pege, fjerne, skride, berolige, pumpe, advare, grine, planlægge, erklære, brænde af, drøne, ordentlig, nedadvendt, ude om det, erfaren, rimelig, tosset, ligeglad, kejthåndet, gale, kortfattet, ophidset, rum.

Grammatik

1. ARTIKLERNE

Den ubestemte artikel hedder: *en* eller *et;* den står foran sit substantiv: en bog, et skib.
Den bestemte artikel føjes til sit substantiv og hedder:
i ental: –en, –et: bog*en*, skib*et,* skol*en;*
i flertal: –ne, –ene: bøger*ne,* skib*ene,* skoler*ne.*
Artiklerne viser substantivernes køn:
en bog er fælleskøn (maskulinum + femininum)
et fad er intetkøn (neutrum).
Mærk: en himmel – himlen, et teater – teatret, mennesker – menneskene.

2. SUBSTANTIVER

Køn: Substantiver er enten **fælleskøn:** en person, en dame, en mand, en hund, en vogn, en ting,
eller **intetkøn:** et barn, et øje, et øre, et bord, et dyr.
Tal: De fleste substantiver findes både i **ental** og **flertal**.
Flertal dannes af ental:
1. –e: en dag, mange dag*e.*
2. –r: en uge, mange uge*r.*
3. –er: en måned, mange måned*er.*
4. 0: et år, mange år.
Mærk:
en bonde, mange bønder (o bliver ø)
en stad, mange stæder (a bliver æ)
et hus, mange huse (stød forsvinder)
et sted, mange steder (kort lyd bliver lang)
en engel, mange engle – et teater, mange teatre (e forsvinder)

1. –e

a) de fleste ord på én stavelse af fælleskøn, som ender på konsonant: hund, hunde – stol, stole – kat, katte – lov, love – bord, borde
b) ord på tryksvagt –er:
søster, søstre – broder, brødre – fader, fædre – moder, mødre – datter, døtre.
c) ord, der ender på –dom:
sygdom, sygdomme – ejendom, ejendomme

2. –r
alle ord, der ender på et tryksvagt –e:
time, timer – gade, gader – lampe, lamper – stue, stuer – tunge, tunger – vindue, vinduer

3. –er
a) ord, der ender på en trykstærk vokal:
   by, byer – bi, bier – ske, skeer – sky, skyer
   Mærk: sko, sko – strå, strå – frø, frø
b) de fleste ord med flere stavelser og fremmede ord med tryk på sidste stavelse:
   avis, aviser – fabrik, fabrikker – redskab, redskaber – sætning, sætninger – tegning, tegninger – repræsentant, repræsentanter – resultat, resultater
   Mærk: doktor, doktórer – museum, museer – faktum, fakta
c) mange ord på én stavelse af fælleskøn, særlig ord, der ender på –t, –st:
   blomst, blomster – søn, sønner – nød, nødder – skrift, skrifter – flod, floder – dyd, dyder
   Mærk:
   and, ænder – bog, bøger – fod, fødder – hånd, hænder – nat, nætter – rod, rødder – tand, tænder – stang, stænger
d) en del ord af intetkøn:
   hul, huller – stof, stoffer – bal, baller – værk, værker

4. –0
a) de fleste ord af intetkøn på én stavelse:
   bær, bær – flag, flag – stød, stød – bål, bål
b) nogle ord af fælleskøn:
   mus, mus – fjer, sko, ting
   Mærk:
   mand, mænd – gås, gæs

Mærk desuden:
1. Bondegård, bøndergårde – barnebarn, børnebørn
2. Nogle ord med dobbelt flertal:
   skat – skatte (penge og lignende)
   skat – skatter (penge, man betaler til staten)
   bud – bude (person, som bringer ting ud til folk f.eks. fra en butik)
   bud – bud (ordre, meddelelse; de ti bud)
3. Nogle ord findes kun i flertal:
   penge, bukser, briller, forældre.
4. 5 meter, 7 kilo, 10 øre, 20 mand og så videre om ord, der bruges om mål og vægt

Kasus: Danske substantiver har to kasus, **nævnefald.**
   manden drikker *kaffe*
   her er både *manden* og *kaffe* nævnefald,
og **ejefald** (genetiv): genetiv ender altid på –s.
Mærk:
onkel Hanses gård, Jens's vogn, hundens hale
Mærk:
Han kom til stede. Hun kom til syne. Vi sad til bords.

3. ADJEKTIVER

1 Danske adjektiver danner intetkøn af fælleskøn ved, at der tilføjes –t:
en rød kjole, et rødt hus
en gammel mand, et gammelt træ
Nogle adjektiver har ikke nogen særlig form i intetkøn:
a) ord, der ender på –t:
   en sort kjole, et sort bord
b) de fleste ord, der ender på –sk:
   en dansk skole, et dansk skib
   en rask dreng, et rask ridt
c) ord, der ender på vokal (dog ikke –å og ordene *fri* og *ny*):
   en lille båd, et lille flag
   en ringe ting, et ringe (bad) resultat
   en blå stol, et blåt øje
   en ny bog, et nyt hus
d) nogle ord på –d:
   en glad aften, et glad selskab
   dog:
   en blød seng, et blødt tæppe (langt ø bliver kort)
   en hvid hest, et hvidt hus
   en god bog, et godt menneske
e) nogle ord på flere stavelser, og som ender på –s:
   en stakkels mand, et stakkels barn

2 Flertal dannes ved, at der til fælleskøn føjes –e:
en ung mand, unge mænd
Nogle adjektiver har ikke –e:
a) ord, der ender på vokal:
   en grå gås, grå gæs
   en blå kjole, et blåt øje: blå kjoler, blå øjne
b) ord på flere stavelser, der ender på –s.
c) adjektiver, der ender på –t, ender i flertal på –ede:
   en farvet væg, et farvet stof: farvede vægge, farvede stoffer

3 Adjektivet føjer –e til, når det står bestemt:
ubestemt:	bestemt:
en stor bog	den store bog
et stort skib	det store skib
	barnets store bog
	de store bøger

4 Adjektiver bøjes i grad: **komparativ** ender normalt på –ere,
og **superlativ** ender på –est:
stærk, stærkere, stærkest
lav, lavere, lavest
smuk, smukkere, smukkest
a) ord på –ig får –ere, –st:
   yndig, yndigere, yndigst

b) ringe, ringere, ringest (e falder bort)
c) –re, –st:
   stor, større, størst
   ung, yngre, yngst
   få, færre, færrest
   lang, længere, længst
d) *mærk* følgende adjektiver:
   gammel, ældre, ældst
   god, bedre, bedst
   lille, mindre, mindst
   ond, værre, værst
   mange, flere, flest
   meget, mere, mest
e) en del adjektiver får ingen endelser; i stedet for sættes *mere* og *mest* foran:
   romantisk, mere romantisk, mest romantisk
   overskyet, mere overskyet, mest overskyet
f) nogle adjektiver mangler en eller to af formerne:

grundform:	komparativ:	superlativ:
–	indre	inderst
–	ydre	yderst
–	nedre	nederst
–	–	forrest
–	–	sidst
–	–	underst
–	–	bagest

4. TALORD

1. Mængdetal

en (et), to, tre, fire, fem, seks, syv, otte, ni, ti, elleve, tolv, tretten, fjorten, femten, seksten, sytten, atten, nitten.

tyve	toti
tredive	treti
fyrre (fyrretyve)	fireti
halvtreds (halvtredsindstyve)	femti
tres (tresindstyve)	seksti
halvfjerds (halvfjerdsindstyve)	syvti
firs (firsindstyve)	otti
halvfems (halvfemsindstyve)	niti

hundrede
tusinde

enogtyve (21)
toogtredive (32)
treogfyrre (43)
femoghalvtreds (55)
syvoghalvfems (97)

to og en halv (2½)
fem og en halv (5½)

Mærk:
halvanden (1½), halvtredje (2½), halvfemte (4½)

2. Ordenstal

den første, den anden, den tredje, den fjerde, den femte, den sjette, den syvende, den ottende, den niende, den tiende, den ellevte, den tolvte, den trettende, den fjortende, den femtende, den sekstende, den syttende, den attende, den nittende,
den tyvende,
den tredivte,
den fyrretyvende,
den halvtredsindstyvende,
den tresindstyvende
den halvfjerdsindstyvende
den firsindstyvende
den halvfemsindstyvende
den en og tyvende
den to og tredivte
den syv og halvfjerdsindstyvende
den et hundrede
den to hundrede

5. PRONOMIER

1. Personlige pronominer

De personlige pronominer har tre kasus: **nævnefald** (nominativ), **objektiv** og **genitiv**. De hedder

	ental			flertal		
	nominativ	objektiv	genetiv	nominativ	objektiv	genitiv
1. person:	jeg	mig	min	vi	os	vores
2. person:	du	dig	din	I	jer	jeres
	De	Dem	Deres	De	Dem	Deres
3. person:	han	ham	hans			
	hun	hende	hendes			
	den	den	dens	de	dem	deres
	det	det	dets			
		sig	sin			

Eksempler:
Jeg så ham. De ved det jo nok. Det er hendes bog. Hun bor i vores hus. Jeg har jo sagt dig det. Han har fortalt Dem det. Vi spurgte dem i morges. Han har givet Dem bogen.

Mærk: Det er mig. Det er ham, der har sagt det. Det er os, der har gjort det. Hun er større end mig.

Mærk: min – mit – mine
din – dit – dine
sin – sit – sine
Det er min bog. Det er dit hus. Det er dine bøger.
Han tog sin hat. Hun læste sine bøger. De læste deres bøger.
sin viser kun tilbage til ental, *deres til flertal.*

Mærk: sig er refleksivt og viser tilbage til ental og flertal:
Han slog sig. Han satte sig ned. De satte sig ned.
Han spiste sig mæt. De gav sig god tid.

Mærk: hinanden er reciprokt og viser tilbage til to eller flere i alle personer:
De slog hinanden. Peter og Ane så hinanden i toget.
Vi mødte hinanden i Paris. I gav hinanden hånden.

2. Demonstrative pronominer

ental   **flertal**

den
det   } de

denne
dette } disse

sådan
sådant } sådanne

samme

selv
begge

Eksempler:
Den mand. Det hus. De bøger. Denne kone. Dette bord. Disse børn. En sådan bog (sådan en bog), et sådant hus (sådan et hus), sådanne sager. Den samme dag. Det samme hus. På selve dagen. Begge børn har rødt hår.

Mærk: Jeg så det selv. Du har selv gjort det. Hun har selv sagt det. Vi har selv hentet vognen.

3. Relative pronominer

som
der
hvem   } gen. hvis
hvad

hvilken, hvilket, hvilke

der kan kun bruges som subjekt:

Eksempler:

Det er ham, { der / som } har gjort det.

Har du set manden, { som / der } gik om hjørnet?

Der er brevet, som jeg skrev i går.
Du er manden, hvem jeg har fortalt det hele.
Det er alt, hvad jeg har sagt.
Han rejste i går, hvilket var godt nok.
Der er den mand, hvis datter er så smuk.

4. Spørgende (interrogative) pronominer

hvem – gen. hvis
hvad
hvilken, hvilket, hvilke (hvad for en, et, nogle)

Eksempler:
Hvem er du? Hvis søn er han? Hvad sagde han?
Hvilken af dem vil du have?
Hvad for en er bedst? Hvad for et hus er pænest?
Hvad for nogle bøger har du købt?

Mærk:
Jeg ved ikke, hvem der kommer.

5. Ubestemte pronominer

a)	**nominativ**	**objektiv**	**genitiv**
	man	en	ens

Man må gøre noget for ham. Det tiltaler en at se det. Det er naturligt at gøre noget for ens egne børn først.

b)		nogen	nogle
		noget	

ingen	ingen
intet	
mangen	mange
mangt	
al	alle
alt	
enhver	–
ethvert	
–	somme

Eksempler:
Var der nogen i stuen? Jeg har ingen set. Han har intet lært. Jeg har mødt ham mangen en gang. Du har lært mangt og meget. Jeg har mange penge. Jeg har levet her al min tid. Det er alt. Vi er her alle. Det ved enhver. Han kommer her somme tider.

Mærk:
nogle bruges kun i skriftsproget: i daglig tale bruges *nogen:*
Har du nogen kager i lommen?

6. ADVERBIER

1 Dansk har et lille antal **korte ægte adverbier,** f.eks., tit, ofte, her, der, ned, op, ind, hjem, ud, hvor, altid, aldrig, snart, gerne, bort, næsten.

Nogle af dem kan bøjes i grad, f.eks.:
tit, tiere, tiest
ofte, oftere, oftest
gerne, hellere, helst
snart, snarere, snarest

Mærk:
op – oppe
ned – nede
ind – inde
ud – ude
hjem – hjemme
hvor den korte form betegner bevægelse og den lange form på –e betegner forbliven på et sted.

2 De fleste **adjektiver i intetkønsform** kan bruges som adverbier, f.eks.:
hun synger smukt
maden smager dejligt

Adjektiver på –ig bruges som adverbier i fælleskønsform, hvis de betegner grad; f.eks.:
bogen er vældig god

3 Et adverbium, der er fast bundet til et verbum, står efter objektet, f.eks.:
bær bogen ind
hun tog kjolen ud
de kørte vognen bort

7. PRÆPOSITIONER

ad, af, bag, blandt, efter, for, fra, før, gennem, hos, i, inden, langs, med, mellem, mod, næst, om, over, på, siden, til, trods, uden, under, ved.

Mærk:
ad betegner »vejen ad hvilken« ...
   han løb hen ad vejen
af betegner »retningen bort fra« ...
   han sprang ud af vognen

Mærk:
i København, i Danmark, på himlen, i horisonten, på marken, på gaden, på Østergade, i Bredgade, undertiden, på Fyn, i Jylland, om bord, over bord, til bords, til lands, til vands, i græsset, på stolen.

Præpositioner bruges som adverbier, f.eks.:
han tog hatten af
hun sprang op

8. KONJUNKTIONER

Bindeord binder ord, led og sætninger sammen.

1 Nogle bindeord forbinder ord, led og sætninger af samme slags:
og, men, thi, for, eller

Eksempler:
Manden og konen. Han hoppede og sprang. Han kunne intet se, for det var mørkt. Han drikker kaffe eller te. Danmark er ikke en by, men København er en by.

2 Nogle bindeord indleder bisætninger:

1. *at,* der indleder et udsagn:
   Han sagde, *at* han var syg.

2. ord, der indleder en spørgende sætning:
   Han spurgte, *om* jeg havde set Peter.

3. ord, der betegner tid: da, når, før, siden, inden, indtil, idet:
Han kom, *da* jeg gik.
Det er godt vejr, *når* solen skinner.
Han har ikke været her, *siden* du rejste.
Han gik, *inden* han var færdig.

4. ord, der betegner årsag: da, fordi:
Han gik, *da* ingen talte til ham.
Hun lå i sengen, *fordi* hun var syg.

5. ord, der betegner indrømmelse: skønt, selv om:
Han gik i skole, *selv om* han var syg.

6. ord, der betegner betingelse: hvis, når, uden at:
Jeg kommer, *hvis* du kommer.
Han kommer ikke, *uden at* du giver ham lov.

7. ord, der betegner sammenligning: som, som om, end:
Han er større, *end* jeg er.
Hun er ikke så stor, *som* du er.

8. ord, der betegner følge: så at:
Han kom op *så* sent, *at* han måtte løbe til stationen.

9. ord, der betegner hensigt: for at:
Han lukkede døren, *for at* der ikke skulle komme flere ind.

9. VERBER

1 Et dansk verbum har forskellige former, **finite** og **infinite:**

1) Infinite former er

   a) **infinitiv**, der har ordet *at* foran sig:
   at gå, at spise, at drikke.

   Mærk:
   at mangler dog efter verberne:
   kunne, skulle, ville, måtte, burde, turde, lade;
   Peter kunne løbe hurtigt.
   Du må ikke gøre det.
   Jeg lod ham blive hjemme.

   b) **præsens participium** ender altid på –ende:
   De kom kørende.
   Hun var strålende.

   c) **perfektum participium**, der ender på –t, –et:
   Hun har *spist*.
   Huset blev *solgt*
   Hun har *røget* to cigaretter.

2) Finite former er:

   a) **imperativ,** som ikke har nogen endelse:
      Gå!
      Kom!
      Ræk fingeren i vejret!
      Sid stille!

   b) **præsensformen;** ender på –r:
      Han sidder. Han går. Han står.

   c) **Præteritumsformen:**
      Han sad. Han gik. Han stod.

2 Danske verber bøjes enten **svagt** eller **stærkt.** Der er mange svage verber, og kun få, ca. 100 stærke verber, men de stærke verber bruges meget.

   1) Dansk har to klasser af **svage verber:**

      a) præteritum ender på *–ede* og perf. part. på *–et:*
         at kaste, jeg kaster, jeg kast*ede,* jeg har kast*et.*
         at bo, jeg bor, jeg bo*ede,* jeg har bo*et.*
         Sådan bøjes langt de fleste danske verber.
         Nye ord optages i denne gruppe.

      b) præteritum ender på *–te.* perf. part. på *–t:*
         at købe, jeg køber, jeg køb*te,* jeg har køb*t.*

         Mærk: nogle af disse verber har skiftet af vokal, bl.a.:
         at sælge, jeg sælger, jeg solgte, jeg har solgt.
         at sætte, jeg sætter, jeg satte, jeg har sat.
         at følge, jeg følger, jeg fulgte, jeg har fulgt.
         at vælge, jeg vælger, jeg valgte, jeg har valgt.

         Mærk: Følgende verber har -de i præt.:
         at lægge, jeg lægger, jeg lagde, jeg har lagt.
         at sige, jeg siger, jeg sagde, jeg har sagt.
         at gøre, jeg gør, jeg gjorde, jeg har gjort.
         at dø, han dør, han døde, han er død.

   2) De **stærke verber** deles i 7 grupper:

      a) præt. *e:*
         at skrive, jeg skriver, jeg skrev, jeg har skrevet.
         Således: glide, ride, skrige, stige, gribe, pibe, blive, rive.
         at bide, jeg bider, jeg bed, jeg har bidt.
         Således: lide, slide, smide.

      b) præt. *ø:*
         at skyde, jeg skyder, jeg skød, jeg har skudt.
         Således: bryde, byde, fryse, fortryde.

         Mærk: fryse, frøs, frosset.
         at flyde, jeg flyder, jeg flød, jeg har flydt.

Således: lyde, nyde, snyde.

Mærk: betyde, betød, betydet.
at krybe, jeg kryber, jeg krøb, jeg har/er krøbet.
at fyge, det fyger, det føg, det har føget.

Mærk: udtalen af præt. og perf. part. i:
at ryge, jeg ryger, jeg røg, jeg har røget.
at stryge, jeg stryger, jeg strøg, jeg har strøget.
at flyve, jeg flyver, jeg fløj, jeg har fløjet.
at lyve, jeg lyver, jeg løj, jeg har løjet.

c) præt. *a* (kort):
at springe, jeg springer, jeg sprang, jeg har/er sprunget.
Således: tvinge, drikke, stikke, slippe.

Mærk:
at binde, jeg binder, jeg bandt, jeg har bundet
og således: finde, rinde, spinde, svinde, vinde.
at trække, jeg trækker, jeg trak, jeg har trukket.
Således: hjælpe, træffe.

Mærk:
at hænge, jeg hænger, jeg hang/hængte, jeg har hængt.
at briste, den brister, den brast, den er bristet.
at klinge, det klinger, det klang, det har klinget.
at tie, jeg tier, jeg tav, jeg har tiet.

d) præt. *a* (med stød):
at bære, jeg bærer, jeg bar, jeg har båret.
Således: skære, stjæle.
at bede, jeg beder, jeg bad, jeg har bedt.
at give, jeg giver, jeg gav, jeg har givet.
at gide, jeg gider, jeg gad, jeg har gidet.
at sidde, jeg sidder, jeg sad, jeg har siddet.

e) præt. *å:*
at ligge, jeg ligger, jeg lå, jeg har ligget.
at se, jeg ser, jeg så, jeg har set.
at æde, jeg æder, jeg åd, jeg har ædt.

f) præt. *o:*
at fare, jeg farer, jeg for, jeg er faret.
Således: drage, tage, jage, lade.
at slå, jeg slår, jeg slog, jeg har slået.
at stå, jeg står, jeg stod, jeg har stået.
at le, jeg ler, jeg lo, jeg har leet.

g) præt. samme vokal:
at falde, jeg falder, jeg faldt, jeg er faldet.
at græde, jeg græder, jeg græd, jeg har grædt.
at hedde, jeg hedder, jeg hed, jeg har heddet.
at holde, jeg holder, jeg holdt, jeg har holdt.

at komme, jeg kommer, jeg kom, jeg er kommet.
at løbe, jeg løber, jeg løb, jeg er løbet.
at sove, jeg sover, jeg sov, jeg har sovet.

Mærk:
at få, jeg får, jeg fik, jeg har fået.
at gå, jeg går, jeg gik, jeg er gået.

3) **Hjælpeverber:**
at være, jeg er, jeg var, jeg har været.
at have, jeg har, jeg havde, jeg har haft.

Modalverber:
at burde, jeg bør, jeg burde, jeg har burdet.
at turde, jeg tør, jeg turde, jeg har turdet.
at måtte, jeg må, jeg måtte, jeg har måttet.
at kunne, jeg kan, jeg kunne, jeg har kunnet.
at skulle, jeg skal, jeg skulle, jeg har skullet.
at ville, jeg vil, jeg ville, jeg har villet.

4) Ved hjælp af en af de finite former af »være« eller »have« danner man de **sammensatte tider:**

   a) **perfektum:** jeg har drukket,
   jeg er løbet;
   »være« bruges, når verbet betegner en bevægelse eller en overgang fra en tilstand til en anden. Man siger altså:
   jeg er gået,
   men: jeg har gået 20 kilometer i dag.

   b) **pluskvamperfektum:**
   jeg havde drukket
   jeg var løbet.

   Futurum danner man ved hjælp af verberne *ville* eller *skulle* + en infinitiv:
   Jeg skal nok gøre det for dig.
   Du vil vel nok skrive brevet for mig.
   Disse former betegner næsten altid villen eller befaling/løfte. Til at udtrykke en ren futurum bruger dansk *præsensformen:*
   Han kommer i morgen.
   Han taler på mandag.

5) **Passiv** danner man

   a) ved at tilføje *-es:*
   der spises klokken 7.
   døren åbnes klokken 2.
   Sådanne former betegner næsten altid, at hvad der siges, gælder i almindelighed. Derfor findes den sjældent i præteritum.

   b) I stedet for danner man da passiv ved hjælp af verberne *blive* (eller være):
   Døren bliver åbnet, når du kommer.
   Maden blev sat på bordet, da mor var færdig.

Bogen er blevet læst mange gange.
Hesten var blevet sat i stald.
Lyset vil blive slukket, før de begynder.
Du ville blive inviteret, hvis der var plads.
*Mærk:*hesten var blevet sat i stald = hesten var sat i stald.

6) *Mærk* udtrykkene:
Kongen leve. Hans fred være med jer alle. Gid, jeg var ung igen.
»leve« og »være« er her konjunktiv, som ellers ikke findes på dansk.

10. ORDSTILLING

1. Hoved- og bisætninger.

Følgende sætninger:
Far er ikke hjemme.
Peter spiste frokost.
Han kom for sent til toget.
Hvem er han?
er **hovedsætninger.**

En sætning, der er del af en anden sætning, er en bisætning.
Han var ikke hjemme, da jeg kom.
Han sagde, at det var for sent.
Her er *da jeg kom* og *at det var for sent* **bisætninger.**

2. Ordstilling

a) I sætningen:
Peter spiste æblet,
er *Peter* subjekt, *spiste* er verbet, og *æblet* er objekt. Når vi har rækkefølgen
1) subjekt 2) verbum,
siger vi, at vi har ligefrem ordstilling.
En bisætning har altid ligefrem ordstilling.

b) Omvendt ordstilling findes, når verbet kommer før subjektet, f.eks.:
Er du der?
Har du spist frokost?
Her bruges den omvendte ordstilling til at vise, at sætningen er et spørgsmål.
Omvendt ordstilling findes også i spørgsmål, som indledes med et spørgende ord, f.eks.:
Hvem talte du med?
Hvad spiste han?
Hvor har du været?
Men hvis det spørgende ord er subjekt, er der ligefrem ordstilling, f.eks.:
Hvem kommer i aften?
Hvad har gjort ham så vred?

c) I en sætning som:
Der var mange blomster i haven,

har vi ligefrem ordstilling. Men vi kan trække et af ordene frem på første plads, f.eks.:
I haven var der mange blomster,
og sætningen får nu omvendt ordstilling. Her er nogle flere eksempler:
Om morgenen gik han altid en tur.
I en stor by bor der mange mennesker.
Nej sagde han.
Klokken tre kom han.
Heraf følger, at der altid er omvendt ordstilling i en hovedsætning, der følger efter sin bisætning, f.eks.:
Når du kommer hjem, må du straks gå ind til far.
Selv om han var syg, gik han dog i skole.
Når solen skinner, er det godt vejr.
Da jeg gik, kom han.

d) Vi skal nu se på ordstillingen i følgende sætninger:
Peter siger aldrig et ord.
Jeg spiser hellere kartofler.
Far sagde også nej.
Hun læste alligevel bogen.
Søren fandt nok pengene.
Han kommer næppe klokken to.
Her står ordene *aldrig, hellere, også, alligevel, nok, næppe* efter verbet.
Hvis verbet er delt i to, flyttes disse ord ind mellem, således:
Peter har aldrig sagt et ord.
Jeg havde hellere spist kartofler.
Far har også sagt nej.
Hun har alligevel læst bogen.
Søren har nok fundet pengene.
Han er næppe kommet klokken to.
Dette sker kun med ord af samme slags som *aldrig, ikke, ofte* osv.
Dette kan vi se i følgende sætninger:
Lise læste bogen i går.
Han rejste i søndags.
Mor lavede maden i morges.
for *i går, i søndags, i morges* kan ikke flyttes ind i sætningen mellem de to dele af verbet:
Lise har læst bogen i går.
Han er rejst i søndags.
Mor har lavet maden i morges.
men man kan sætte dem først i sætningen:
I morges lavede mor mad.
I dag har han ikke sagt et ord.

e) I sætningen:
Jeg gav min søster en bog,
er der to objekter. Vi kan kalde *en bog* et direkte objekt, og *min søster* kan vi kalde et indirekte objekt. Hvis der er to objekter i en sætning, står det indirekte objekt før det direkte objekt, f.eks.:
Han viste ham vej.
Hun lovede mig fem kroner.
Hans sendte mig et brev.
Jeg fortalte ham historien.
Han lærte os dansk.

ORDLISTE

A

absolut	absolutely	absolut	en absoluto
ad	along, off	auf, entlang	por
adjektiv	adjective	Adjektiv	adjetivo
adresse	address	Adresse	dirección, señas
adressekort	dispatch note	Paketkarte	tarjeta de señas
advare	warn	warnen	avisar
adverbier	adverbs	Adverbien	adverbios
af	of, off	von, aus, vor, an	de
afgøre	decide	entscheiden	resolver, decidir
afrikaner	African	Afrikaner	(un) africano
aftagende	decreasing	abnehmend	en disminución
aften	evening	Abend	tarde, noche
aftensmad	supper	Abendbrot	cena
alder	age	Alter	edad
aldrig	never	nie	nunca
alfabet	alphabet	Alphabet	alfabeto
alene	alone	allein	solo
al, alle	all	all, aller, alle	todo
allerbedst	very best	allerbest	(el) mejor de todos
allerede	already	schon	ya
almindelig	common	allgemein, gewöhnlich	corriente
alt	all	alles	todo
altid	always	immer	siempre
altså	so, hence	also	pues, por lo tanto
amerikaner	American	Amerikaner	(un) americano
and	duck	Ente	pato
anden, andet, andre	second; other, others	Zweiter; anders, andere	segundo; otro
ansigt	face	Gesicht	cara
ansvar	responsibility	Verantwortung	responsabilidad
antal	number	Anzahl	número
april	April	April	abril
arbejde	work	arbeiten	trabajo
arbejde	work	Arbeit	trabajar
arbejder	workman, worker	Arbeiter	obrero
arbejdsformand	foreman	Werkmeister	capataz
arbejdstilsynet	industrial inspection	Arbeitsüberwachung	inspección de fábricas
arm	arm	Arm	brazo
artikel	article	Artikel	artículo
at	to, that	zu, daß	que
atten	eighteen	achtzehn	dieciocho
august	August	August	agosto
avis	newspaper	Zeitung	periódico

B

bad	bath	Bad	baño
bad	asked	fragte	pretérito de 'bede'
badeværelse	bathroom	Badezimmer	cuarto de baño
bager	baker	Bäcker	panadero, pastelero
bagerbutik	baker's shop	Bäckerladen	panadería, patelería
bakke	hill	Hügel	colina
bal	dance, ball	Ball	baile
bange	afraid	bange	asustado, con miedo
barber	hairdresser	Barbier	peluquero
barbere	shave	rasieren	afeitar
barbermaskine	razor, shaver	Rasierapparat	máquina de afeitar
barn	child	Kind	niño, hijo
barnebarn	grandchild	Enkel	nieto
barnløs	childless	kinderlos	sin hijos
beboer	inhabitant	Einwohner	habitante
bede	ask	fragen	pedir, rogar
bededag	Day of Common Prayer	Buß- und Bettag	día festivo danés
bedstemor	grandmother	Großmutter	abuela
befaling	order; command	Befehl	mandato, orden
begge	both	beide	ambos
begynde	begin	anfangen	comenzar
behøve	need	brauchen	necesitar
ben	leg	Bein	pierna
benzin	petrol	Benzin	gasolina
berolige	calm (down)	beruhigen	tranquilizar
bestemt	definite	bestimmt	determinado
bestille	do, work, order	bestellen, machen	hacer, pedir
besvær	trouble	Mühe	molestia
besøge	visit	besuchen	visitar
betale	pay	zahlen	pagar
betegne	mean, designate	bezeichnen, bedeuten	significar
betingelse	condition	Bedingung	condición
betyde	mean	bedeuten	significar
bevidsthed	consciousness	Bewußtsein	conciencia
bevægelse	movement	Bewegung	movimiento
bi	bee	Biene	abeja
Bibel	Bible	Bibel	Biblia
bil	car	Auto	coche
billede	picture	Bild	imagen, ilustración
billet	ticket	Fahrschein, Eintrittskarte	billete, entrada
bilnummer	licence number	Autonummer	(número de) matrícula
binde	bind	binden	unir, enlazar
bindeord	conjunction	Bindewort	conjunción
biograf	cinema	Kino	cine
bisætning	clause	Nebensatz	oración subordinada
bjerg	mountain	Berg	montaña
bl.a. = blandt andet	among other things	u.a. = under anderm	entre otras cosas
blive	become, be	werden, bleiben	ser, ponerse; (- 5 år): cumplir 5 años

blive ved	go on, continue	fortsetzen	seguir, continuar
blomst	flower	Blume	flor
blot	if only	nur	sólo, si sólo
blyant	pencil	Bleistift	lápiz
blæse	blow	wehen	soplar, hacer viento
blød	soft	weich	blando, suave
blå	blue	blau	azul
bo	live	wohnen	vivir, habitar
bog	book	Buch	libro
boghandler	bookseller	Buchhändler	librero
bogryg	back of book	Rücken eines Buches	lomo de libro
bogstav	letter	Buchstabe	letra
bonde	farmer	Bauer	agricultor, campesino
bor	live, lives	wohnt	presente de 'bo'
bord	table	Tisch	mesa
om bord	onboard	an Bord	a bordo
til bords	at table	zu Tisch, bei Tisch	a la mesa
borg	castle	Burg	castillo
bred	broad	breit	ancho
brev	letter	Brief	carta
briller	glasses	Brille	gafas
bro	bridge	Brücke	puente
broder	brother	Bruder	hermano
bruge	use	gebrauchen, benutzen	emplear
bryst	breast, chest	Brust	pecho
brædder	boards	Bretter	tablas
brænde af	burn	abbrennen	quemar
brød	bread, loaf	Brot	pan
brødkniv	carving knife	Brotmesser	cuchillo (para cortar pan)
brødkorn	corn	Brotgetreide	cereales de panificación
brønd	well	Brunnen	pozo
bud	message	Bote, Nachricht	aviso, mensaje
bukser	trousers	Hose	pantalón(es)
bunke	heap	Haufen	montón
burde	ought	müssen, sollen	deber
bus	bus	Bus	autobús
busk	bush	Busch	arbusto
butik	shop	Laden, Geschäft	almacén, tienda
by	town, city	Stadt	ciudad, población
bygge	build	bauen	construir
bygning	building	Gebäude	edificio
bæk	brook	Bach	arroyo
bælt	strait	Belt	estrecho, belt
bær	berry	Beere	baya
bære	bear, carry	tragen	llevar; (– frugt): dar fruta
bøf	beefsteak	Beefsteak	bistec
bøje	bend, conjugate, decline	biegen, beugen	doblar, conjugar, declinar
bønder	farmers	Bauern	agricultores, campesinos

173

børn	children	Kinder	niños, hijos
båd	boat	Boot	barco
både ... og	both ... and	sowohl ... als	tanto ... como
bål	fire, bonfire	Feuer	hoguera, fuego

C

cafeteria	cafeteria	Cafeteria	cafetería
centimeter	centimetre	Zentimeter	centímetro
centralvarme	central heating	Zentralheizung	calefacción central
chokolade	chocolate	Schokolade	chocolate
cirka	about	etwa	aproximadamente
cirkel	circle	Kreis	círculo
cornflakes	cornflakes	Maisflocken	cornflakes
cykel	bicycle	Fahrrad	bicicleta
cykle	ride on bicycle	radfahren	ir en bicicleta

D

da	when	als	cuando
dag	day	Tag	día
daglig	everyday, daily	täglich	diario
dagligstue	sitting-room	Wohnzimmer	cuarto de estar, salón
dal	valley	Tal	valle
dame	lady, woman	Frau, Dame	señora, mujer
danmarkskort	map of Denmark	Karte von Dänemark	mapa de Dinamarca
danne	form	bilden	formar
danse	dance	tanzen	bailar
dansk	Danish	dänisch	danés
dansker	Dane	Däne	(un) danés
datter	daughter	Tochter	hija
datterdatter	daughter's daughter	Enkelin	nieta (por línea materna)
de	they	sie	ellos, ellas
De	you	Sie	usted(es)
december	December	Dezember	diciembre
dejlig	delightful	schön	muy bonito, delicioso
del	part	Teil	parte
dele	part, share	teilen	partir, repartir, compartir
dem	them	sie, ihnen	ellos, ellas, los, las, les
Dem	you	Sie, Ihnen	usted(es), le(s), la(s)
den	it, that, this	er, es, sie, der, das, die	él, ella, lo, la, le; aquél
dengang	at that time, then	damals	entonces
denne	this, this one	dieser usw.	ése, éste
der	there, which, who, what	dort, der, das, die, es	aquí; (el) que
deres	their, theirs	ihr	su, suyo, de ellos, de ellas
Deres	your, yours	Ihr	su, suyo, de usted(es)
derfra	from there	davon	de allá
derinde	in there	darin	allá dentro

det	it, that	das, es, der, das, die	él, ella, ello, lo, la, le; aquél
dette	this	dieser usw.	ése, éste, eso, esto
dig	you	dich, dir	ti, te
digter	poet	Dichter	poeta
direkte	direct	direkt	directo
disk	counter	Ladentisch	mostrador
diskussion	discussion	Diskussion	discusión
diskutere	discuss	diskutieren	discutir
divan	divan, couch	Diwan	diván
dobbelt	double	doppelt	doble
dorsk	dull	matt	indolente, apático
doven	lazy	faul	perezoso, vago
dreje	turn	drehen	torcer, girar
dreng	boy	Junge	chico
drikke	drink	trinken	beber
drikkelig	drinkable	trinkbar	potable
drikkepenge	tips	Trinkgeld	propina
drille	tease	necken	fastidiar, burlarse de
dronning	queen	Königin	reina
drukket	drunk	getrunken	participio de 'drikke'
drukne	drown	ertränken	ahogar(se)
drøne	rush	dröhnen	retumbar
dråbe	drop	Tropfen	gota
du	you	du	tú
dum	stupid	dumm	estúpido, tonto
være dus	be on Christian name terms	sich duzen	tutear
dyb	deep	tief	profundo
dygtig	clever, skilful	tüchtig, geschickt	hábil, competente
dyr	animal	Tier	animal
dyrke	cultivate, till	bestellen	cultivar
dyrlæge	veterinary surgeon	Tierarzt	veterinario
døgn	24 hours	24 Stunden	día (y noche), 24 horas
dør	door	Tür	puerta
dørkarm	door-frame	Türrahmen	marco (de la puerta)
dørklokke	doorbell	Türglocke	timbre (de la puerta)
dække	cover	decken	cubrir, tapar
dårlig	bad	schlecht	malo

E

efter	after	nach(her)	después de, detrás de
eftermiddag	afternoon	Nachmittag	tarde
eftermiddagskaffe	afternoon coffee	Nachmittagskaffee	merienda (con tét)
eftermiddagste	afternoon tea	Nachmittagstee	merienda (con café)
efternavn	surname, family name	Familienname	apellido
efterår	autumn, fall	Herbst	otoño
efterårsferie	autumn holiday	Herbstferien	vacaciones de otoño
egen	own	eigen	propio
egn	countryside, region	Gegend	región, comarca
ejefald	genitive	Genitiv	genitivo
ejendom	property	Besitzungen	hacienda, propiedad

eksempel	example	Beispiel	ejemplo
eksprestog	express train	D-Zug	tren expreso
elektriker	electrician	Elektriker	electricista
elev	pupil	Schüler	alumno, discípulo
eller	or	oder	o (bien)
ellers	otherwise	sonst	sie no, por lo demás
elleve	eleven	elf	once
ellevte	eleventh	elfte	undécimo
emne	subject, topic	Thema	tema, asunto
en	a, an, one, you	ein, einer	uno, una
end	than	als	que, de
endelse	ending, suffix	Endung	terminación, desinencia
endnu	yet, still	noch	todavía, aún
endog	even	eben	incluso, aún
engang	once	einmal	(alg)una vez
ikke engang	not even	nicht einmal	ni siquiera
engel	angel	Engel	ángel
engelsk	English	englisch	inglés
englænder	Englishman	Engländer	(un) inglés
enig	agreed	einig	de acuerdo, conforme
enogfyrre	forty-one	einundvierzig	cuarenta y uno
enogtredive	thirty-one	einunddreißig	treinta y uno
enogtredivte	thirty-first	einunddreißigste	trigésimo primero
enogtyve	twenty-one	einundzwanzig	veintiuno
ens	same	gleich	igual; de uno, de una
ental	singular	Einzahl	singular
enten ... eller	either ... or	entweder ... oder	o (bien) ... o (bien)
entré	hall	Flur	recibidor, pasillo
er	is, am, are	bin, bist, ist, sind, seid	presente de 'være'
erfaren	experienced	erfahren	experto
erklære	state	erklären	declárar
et	a, an, one	ein, eine	uno, una
ettal	the figure one	Eins	número 1

F

fabrik	factory	Fabrik	fábrica (industrial)
fader	father	Vater	padre
fag	subject, trade	Fach	asignatura, profesión
falde	fall	fallen	caer
familie	family	Familie	familia
familienavn	family name	Familienname	apellido
fandt	found	fand	pretérito de 'finde'
fange	catch	fangen	prender, asir
far	father	Vater	papá, padre
farve	colour	Farbe	color
farvel	good-bye	auf Wiedersehen	adiós, hasta luego
farveløs	colourless	farblos	incoloro
fast	fast, firm	fest	fijo
Fastelavn	Lent	Fastnacht	carnaval
fatter	Daddy	Vati	papaíto, maridito

fattig	poor	arm	pobre
februar	February	Februar	febrero
fejle	fail	fehlen, irren	errar, faltar; estar enfermo de
fem	five	fünf	cinco
femhundredekroneseddel	500 kr. note	500 kr.-Schein	billete de 500 coronas
femkrone	5 kroner	5 kr.	moneda de 5 coronas
femogtyve	twenty-five	fünfundzwanzig	veinticinco
femogtyveøre	25 øre	25 öre	moneda de 25 'øre'
femøre	5 øre	5 öre	moneda de 5 'øre'
femte	fifth	fünfte	quinto
femten	fifteen	fünfzehn	quince
ferie	holidays, vacation	Ferien	vacaciones
figur	figure	Figur	figura
finde	find	finden	encontrar, descubrir
finde på	think of	erfinden, ausdenken	inventar, discurrir
finger	finger	Finger	dedo
finit	finite	finit	finito (ling.)
fire	four	vier	cuatro
fireogtyve	twenty-four	vierundzwanzig	veinticuatro
firetal	the figure four	Vierzahl	numero 4, el 4
firkant	square	Viereck	cuadrángulo
firs	eighty	achtzig	ochenta
fisk	fish	Fisch	pez, pescado
fiske	fish	fischen	pescar
fiskerbåde	fishing boats	Fischerboote	barcos pesquero
fjer	feather, plume	Feder	pluma
fjerde	fourth	vierte	cuarto
fjerne	remove	entfernen	quitar
i fjor	last year	voriges Jahr	el año pasado
fjord	fjord	Fjord	ría, fiordo
fjorten	fourteen	vierzehn	catorce
flag	flag	Flagge	bandera
flaske	bottle	Flasche	botella
flere	more	mehr, mehrere	más, varios
flertal	plural	Mehrzahl	plural
flest	most	meist	(los) más, la mayoría
flittig	diligent	fleissig	aplicado
flod	river	Fluß	río
flyde	flow, float	fließen	fluir, flotar
flytte	move, remove	rücken, ziehen	trasladar
flæsk	bacon	Speck	tocino, carne de cerdo
fløde	cream	Sahne	crema, nata
fod	foot	Fuß	pie
foder	fodder	Futter	cebo
fodbold	football, soccer	Fussball	futbol, balón
til fods	on foot	zu Fuß	a pie
folk	people	Leute	pueblo, población, gente
folketing	House of Representatives, Lower House	dänische Volksvertretung	el Folketing, (el Parlamento danés)
for	for	vor, für	para, por
foran	in front	vor	delante (de)

12 Lær at tale dansk

forandre	change	ändern	cambiar
forbavse	surprise	erstaunen	sorprender
forbi	past, over	zu Ende	por delante de, terminado
forbinde	connect	verbinden	unir, enlazar
forblive	remain	bleiben	quedar, seguir
fordi	because	weil	porque
foredrag	lecture	Vortrag	conferencia
for eksempel	for example	zum Beispiel	por ejemplo
i forgårs	the day before yesterday	vorgestern	anteayer
forklare	explain	erklären	explicar
forlange	demand, ask	fordern	exigir, pedir
forleden dag	the other day	vor einigen Tagen	el otro día
formiddag	morning, forenoon	Vormittag	mañana
fornavn	first name	Vorname	nombre (de pila)
forneden	below, at the base	unten	abajo
foroven	above, on top	oben	arriba
forsinket	delayed	verspätet	retrasado
forskel	difference	Unterschied	diferencia
forskellig	different	verschieden	diferente
forstå	understand	verstehen	comprender
forsvinde	disappear	verschwinden	desaparecer
fortælle	tell	erzählen	contar, narrar
fortæller	story-teller	Erzähler	narrador
forældre	parents	Eltern	padres
forår	spring	Frühling	primavera
fra	from	von, aus	de, desde
franskbrød	white bread	Weißbrot	pan (de trigo)
fred	peace	Frieden	paz
fredag	Friday	Freitag	viernes
frem	forward	vorwärts	adelante
fremmed	stranger	Fremder	(un) extranjero, (un) desconocido
fremmed	strange, foreign	fremd	extranjero, desconocido, extraño
fri	free	frei	libre
fridag	holiday, day off	freier Tag	día libre, día festivo
frimærke	stamp	Briefmarke	sello
frisere	dress (hair)	frisieren	peinar
frokost	lunch	zweites Frühstück	almuerzo
fru	Mrs	Frau	señora, doña, Sra., Da.
frugt	fruit	Obst	fruta, fruto
frugttræ	fruit-tree	Obstbaum	árbol frutal
frø	frog	Frosch, Same	rana
frøken	Miss	Fräulein	señorita, doña, Srta., Da.
fugl	bird	Vogel	pájaro
fuld	full	voll	lleno
futurum	future	Futurum	futuro
fylde	fill	füllen	llenar, ocupar sitio
fyldepen	fountain pen	Füllfederhalter	estilográfica
fynbo	man from Funen	Füne	habitante de Fionia

fyre	heat, put on the fire	heizen	calentar, encender la calefacción
fyrre	forty	vierzig	cuarenta
fælleskøn	common gender	Genus commune	género común, masculino-femenino
færdig	ready, finished	fertig	listo, terminado
færge	ferry boat	Fähre	(barco) transbordador
fødder	feet	Füße	pies
fødselsdag	birthday	Geburtstag	cumpleaños
føje til	add	hinzufügen	añadir
følge	follow	folgen	seguir, acompañar
følgende	following	folgend	siguiente
før	before	vor, vorher	antes de (que)
første	first	erst	primero
få	few	wenige	pocos, escasos
få	get	bekommen	(ob)tener, recibir, adquirir

G

gabe	yawn	gähnen	bostezar
gad	wanted to, would like to	mochte	pretérito de 'gide'
gade	street	Straße	calle
gadedør	frontdoor	Haustür	puerta principal
gaffel	fork	Gabel	tenedor
gal	mad	verrückt	loco
gammel	old	alt	viejo, antiguo
gang	time (3 x 3 = 9)	Mal	vez
ganske	quite	ganz	todo, totalmente, bastante
ganske vist	certainly	zwar, allerdings	aunque, por cierto ...
gartner	gardener	Gärtner	jardinero
gave	gift, present	Geschenk	regalo
genbo	opposite neighbour	Nachbar (gegenüber)	vecino (de enfrente)
gennemsnit	average	Durchschnitt	promedio
gennemsnitstemperatur	average temperature	Durchschnittstemperatur	temperatura media
geografi	geography	Erdkunde	geografía
gerne	willingly, with pleasure, usually	gern	con gusto
gide	want to, bother	mögen	querer, tener ganas, (gid ...:) ojalá ...
gift	married	verheiraten	casado
girokort	inpayment form	Postscheck	tarjeta de giro postal
give	give	geben	dar
give lov	allow, permit	Erlaubnis geben	permitir
gjaldt	was valid	galt	pretérito de 'gælde'
gjorde	did	tat	pretérito de 'gøre'
gjort	done	getan	participio de 'gøre'
glad	glad	froh	contento
glas	glass	Glas	cristal, vaso
glashus	glass house	Glashaus	casa de cristal
glemme	forget	vergessen	olvidar
god	good	gut	bueno

goddag	hello, how are you	guten Tag	buenos días, hola
godnat	goodnight	gute Nacht	buenas noches, hasta mañana
grad	degree	Grad	grado
grantræ	spruce	Fichte	abeto
grave	dig	graben	cavar
gren	branch	Ast	rama, ramo
grin	laugh, grin	Lachen	risa
grine	laugh, grin	lachen	reírse
gro	grow	wachsen	crecer
grundform	positive	Grundstufe	positivo
grundlov	constitution	Grundgesetz	ley fundamental, Constitución
grundlovsdag	Constitution Day	Verfassungstag	día de la Constitución
gruppe	group	Gruppe	grupo
gryde	pot	Topf	olla
græs	grass	Gras	hierba
græstørv	turf	Sode	trozo de césped
grøn	green	grün	verde
grønlænder	Greenlander	Grönländer	(un) groenlandés
grønskolling	greenhorn	Grünschnabel	imberbe
grøntsager	vegetables	Gemüse	hortalizas
grå	grey	grau	gris
gråvejr	dull weather	trübes Wetter	tiempo nublado
gul	yellow	gelb	amarillo
guld	gold	Gold	oro
gulv	floor	Boden	suelo, piso
gutter	boys, lads	Burschen	muchados
gælde	be valid	gelten	valer
gældende	being valid	in Geltung	vigente
gætte	guess	raten	adivinar
gør	do, does	tut	presente de 'gøre'
gøre	do	tun	hacer
gå	go, walk	gehen	ir, andar
i går	yesterday	gestern	ayer
gård	farm	Hof	finca rústica
gås	goose	Gans	ganso, gansa

H

hal	hall	Halle	salón
hale	tail	Schwanz	cola, culo
hals	neck, throat	Hals	cuello, garganta
halv	half	halb	medio
halvanden	one and a half	eineinhalb	uno y medio
halvfjerds	seventy	siebzig	setenta
halvtreds	fifty	fünfzig	cincuenta
halvtredser	50 kroner note	50 kr.-Schein	billete de 50 coronas
halvø	peninsula	Halbinsel	península
ham	him	ihn, ihm	él, lo, le
han	he	er	él
handle	deal in, with	handeln	actuar, vender, comprar; (– om:) tratar de

handlende	shopkeeper	Kaufmann	comerciante
hans	his	sein	su, suyo, de él
har	have, has	habe, hast usw.	presente de 'have'
hat	hat	Hut	sombrero
hav	sea, ocean	See	mar
havde	had	hatte usw.	pretérito de 'have'
have	garden	Garten	jardín
have	have	haben	tener
havn	harbour	Hafen	puerto
havre	oats	Hafer	avena
havregrød	porridge	Haferbrei	gacha de avena
hed	was called	hieß usw.	pretérito de 'hedde'
hedde	be called	heißen	llamarse
hel	whole, all, quite	ganz	todo, intacto
heller (ikke)	neither	auch (nicht)	(– ikke:) tampoco
hellere	rather	lieber	más bien, antes
helligdag	holiday	Feiertag	día festivo
helvede	hell	Hölle	infierno
hen	up to	hin	hacia, hasta
hende	her	sie, ihr	ella, la, le
hendes	her, hers	ihr	su, suyo, de ella
hensigt	intention	Absicht	intención
hente	fetch	holen	buscar, ir por
her	here	hier	aquí
herre	gentleman	Herr	señor
hilse	greet	grüßen	saludar
hilsen	greeting	Gruß	saludo, recuerdo
himmel	sky, heaven	Himmel	cielo
hinanden	each other	einander	uno a otro, mutua-mente
hindbær	raspberry	Himbeere	frambuesa
historie	history, story	Geschichte	historia, cuento, relato
hjalp	helped	half usw.	pretérito de 'hjælpe'
hjelm	helmet, bonnet	Haube	cubierta del motor
hjem	home	Heim	a casa; casa, hogar
hjemme	at home	zu Hause	en casa
hjerte	heart	Herz	corazón
ved hjælp af	by means of	mittels	por medio de
hjælpe	help	helfen	ayudar
hjælper	helper	Helfer	asistente
hjælpeverber	auxiliaries	Hilfsverben	verbos auxiliares
holde	hold, keep	halten	tener; conservar(se), parar(se)
holde af	like, love	lieben	querer
holde op	stop	aufhören	cesar
horisont	horizon	Horizont	horizonte
hos	with	bei	con, en casa de
hospital	hospital	Krankenhaus	hospital, clínica
hoved	head	Kopf	cabeza
Hovedbanegården	Main Station	Hauptbahnhof	la Estación Central
hr.	Mr	Herr	señor, don Sr., D.
hul	hole	Loch	agujero, hoyo
humor	humour	Humor	sal, gracia, humor

181

hun	she	sie	ella
hund	dog	Hund	perro
hundrede	hundred	hundert	ciento
hundrededel	hundredth part	Hundertstel	centésimo
hundredekroneseddel	100 kroner note	100 kr.-Schein	billete de 100 coronas
hurtig	fast, quick	schnell	rápido
hus	house	Haus	casa, edificio
huske	remember	sich erinnern an	acordarse de
huslig	domestic	häuslich	doméstico
hvad	what	was	qué
hvede	wheat	Weizen	trigo
hvem	who, whom, which	wer, wen usw.	quién
hver	each, every	jeder	todo, cada
hveranden	every other	alle paar	cada dos
hverdag	weekday	Werktag	día laborable
hverken ... eller	neither ... nor	weder ... noch	ni ... ni
hvid	white	weiß	blanco
hvilken	who, which, what	welcher usw.	cuál, el que
hvis	whose; if	wessen, dessen, der-en; wenn	cuyo, de quien; si
hvor	where	wo	dónde
hvordan	how	wie	cómo
hvorfor	why	warum	por qué
hvornår	when	wann	cuándo
hygge	comfort, cosiness	Gemütlichkeit	ambiente hospitalario
hyggelig	cosy, pleasant	gemütlich	agradable, acogedor
hylde	shelf	Ablage	estante
hyle	scream, whine	heulen	aullar
hyrde	herdsman	Hirt	pastor
hælde	pour	gießen	echar, verter
hænge	hang	hängen	colgar, estar colgado
hængsel	hinge	Band	gozne
høflig	polite	höflich	cortés
høj	tall, high	hoch	alto
højere	taller, higher	höher	más alto
højest	tallest, highest	höchst, am höchsten	(el) más alto
højskole	folk high school	Volkshochschule	academia popular
højre	right	recht	derecho, diestro
højtid	festival	Feier	solemnidad, festividad
høre	hear	hören	oír, escuchar
hånd	hand	Hand	mano
håndkraft	manuel power	Handkraft	fuerza manual
håndtag	handle	Handgriff	manija

I

i	in	in	en, dentro de
I	you	ihr	vosotros
i alt	in all	im ganzen	en total
idé	idea	Idee	idea
igen	again	wieder	de nuevo, otra vez
ikke	not	nicht	no

imperativ	imperative	Imperativ	imperativo
inden	before	ehe	antes (de, de que)
ind i	into	in	en, hacia dentro de
inder	Indian	Inder	(un) indio
indirekte	indirect	indirekt	indirecto
individ	individual	Individuum	individuo
indlede	start, begin	einleiten	iniciar
indre	internal, inner	innere	interior
indrømmelse	concession	Gewährung	concesión
indtil	until	bis	hasta
infinit	infinite	infinit	infinitivo
ingen	no, none, nobody	niemand	nadie, ninguno
ingeniør	engineer	Ingenieur	ingeniero
ingenting	nothing	nichts	nada
interrogativ	interrogative	interrogativ	interrogativo
intet	nothing	nichts	nada, ninguno
intetkøn	neuter	Neutrum	neutro
invitere	invite	einladen	invitar
isolere	insulate	isolieren	aislar
istid	ice age	Eiszeit	período glacial
især	particularly	besonders	sobre todo

J

ja	yes	ja	sí
jage	drive	jagen	perseguir; (– ud:) echar, fuera, cazar
januar	January	Januar	enero
japaner	Japanese	Japaner	(un) japonés
jeg	I	ich	yo
jer	you	euch	vosotros, vos
jo	yes	doch, ja	(que) sí
jord	earth, ground, soil	Erde, Boden	tierra, suelo
jordbunke	heap of earth	Haufen, Erde	montón de tierra
jul	Christmas	Weihnachten	Navidad(es)
juleaften	Christmas Eve	Weihnachtsabend	Nochebuena
juledag	Christmas Day	Weihnachtstag	día de Navidad
juleferie	Christmas holiday	Weihnachtsferien	vacaciones navideñas
julemiddag	Christmas dinner	Weihnachtsmahl	comida de Navidad
juletræ	Christmas tree	Weihnachtsbaum	árbol de Navidad
juli	July	Juli	julio
juni	June	Juni	junio
jysk	belonging to Jutland	jütisch	jutlandés
jævn	smooth	eben	llano

K

kaffe	coffee	Kaffee	café
kage	cake	Kuchen	pastel, dulce
kaldes	is called	heißt	llamarse
kam	comb	Kamm	peine
kammerat	friend, pal	Kamerad	camarada, compañero
kampesten	boulder	Feldstein	piedra grande de granito

kan	can	kann	presente de 'poder'
karm	frame	Rahmen	marco, alféizar
kartoffel	potato	Kartoffel	patata
kartoffelmel	potato flour	Kartoffelmehl	harina de patata
kasse	box	Kiste	caja
kaste	throw	werfen	tirar, lanzar, echar
kat	cat	Katze	gato
ked	loath, sorry	leid	triste, disgustado, harto
kedel	boiler	Kessel	caldero, caldera
kejthåndet	left-handed	linkshändig	zurdo
kende	know	kennen	conocer
kilo	kilogramme	Kilo	kilo
kilometer	kilometre	Kilometer	kilómetro
kind	cheek	Wange	mejilla
kirke	church	Kirche	iglesia
klar	clear	klar	claro
klare	arrange, manage	schaffen, fertigbringen	arreglar, poder
klasse	class	Klasse	clase, curso
klasseværelse	classroom	Klassenzimmer	aula
klinik	clinic	Klinik	clínica
klippe	cut	schneiden	cortar
klokke	clock	Uhr, Glocke	campana, timbre
klæde på	dress	anziehen	vestir (se)
klæde ud	dress up	verkleiden	disfrazar
klæder	clothes	Kleider	ropa, vestidos
knap	button	Knopf	botón
kniv	knife	Messer	cuchillo
knold	clod	Knolle	terrón
koge	boil	kochen	hervir, cocer
koks	coke	Koks	cok
kold	cold	kalt	frío
komme	come	kommen	venir, ir, llegar
komme til stede	appear	erscheinen	aparecer
komparativ	comparative	Komparativ	comparativo
kone	wife	Frau, Weib	mujer, esposa
konjunktion	conjunction	Konjunktion	conjunción
konjunktiv	subjunctive	Konjunktiv	subjuntivo
konsonant	consonant	Konsonant	consonante
konvolut	envelope	Briefumschlag	sobre
kop	cup	Tasse	taza
kort, (kortere, kortest)	short, (shorter, shortest)	kurz, (kürzer, kürzest)	corto, breve
kort	map, card	Karte	mapa, carta, tarjeta
kortfattet	brief	kurzgefaßt	breve
kringle	sort of pastry, cake	Brezel	rosca
kristi himmelfartsdag	Ascension Day	Himmelfahrtstag	día de la Ascensión
krop	body	Körper	cuerpo
kubikcentimeter	cubic centimetre	Kubikzentimeter	centímetro cúbico
kuffert	suitcase	Koffer	maleta
kuglepen	ball point pen	Kugelschreiber	bolígrafo
kumme	wash basin	Ausguß	pila, lavabo
kun	only	nur	solamente

kunne	can	können	poder
kuvert	plates, spoon, fork etc for one person	Gedeck	cubierto (de la mesa)
kvarter	quarter	Viertel, Quartier	cuarto de hora
kvinde	woman	Frau	mujer
kysse	kiss	küssen	besar
kær	dear	lieb, süß	querido
kærne	churn	buttern	mazar
købe	buy	kaufen	comprar
købe ind	shop	einkaufen	comprar
københavner	person from Copenhagen	Kopenhagener	(un) habitante de Copenhague
købmand	shopkeeper, grocer	Kaufmann	comerciante (de ultramarinos)
kød	meat	Fleisch	carne
køkken	kitchen	Küche	cocina
køn	gender	Geschlecht	género, sexo
køre	ride, drive	fahren	ir en coche, conducir, marchar
kørende	riding, driving	fahrend, gefahren	gerundio de 'køre'

L

lade	let	lassen	dejar
land	country, land	Land	país, tierra, campo
landmand	farmer	Landwirt	agricultor
landsby	village	Dorf	pueblo, aldea
landskab	scenery, landscape	Landschaft	paisaje
lang	long	lang	largo
langfredag	Good Friday	Karfreitag	Viernes Santo
langs	along	entlang	a lo largo de, al lado de
langsom	slow	langsam	lento
lastbil	lorry	Lastkraftwagen	camión
lav	low	niedrig	bajo
lave	make, do	machen	hacer
lege	play	spielen	jugar
legeplads	playground	Spielplatz	parque infantil
lektier	homework	Schularbeiten	lecciones
let	easy	leicht	fácil, ligero
leve	live	leben	vivir
lide	like, love	lieben	gustar, querer
lidt	little	wenig	poco
lige	straight, just, even	gerade, gleich	recto, igual, justo, impar
lige frem	straight on	geradeaus	todo recto
ligge	lie	liegen	yacer, estar acostado
lighed	likeness, similarity	Gleichheit	igualdad, semajanza
ligne	be like, look like	gleichen	parecerse a
lille	small, little	klein	pequeño
liter	litre	Liter	litro
litteratur	literature	Literatur	literatura
liv	life	Leben	vida

love	promise	versprechen	prometer
lovløs	lawless	gesetzlos	sin ley, proscrito
lugte	smell	riechen	oler
lukke	shut	schließen	cerrar
lukke op	open	öffnen	abrir
lykke	happiness	Glück	dicha, (buena) suerte
lys	light, fair	hell	claro, rubio
lys	light	Licht	luz, lumbre, vela
læge	doctor	Arzt	médico
lægge	lay, put	legen	poner, meter
længe	long	lange	mucho tiempo
længe	wing (of house)	Flügel	ala (de una finca)
længere, længst	longer, longest	länger, längst	más largo, (el) más largo
længes	long, yearn	sich sehnen	añorar
lære	learn	lernen	aprender, enseñar
lærer	teacher	Lehrer	profesor
læse	read	lesen	leer
løbe	run	laufen	correr
løbende	running	laufend, gelaufen	gerundio de 'løbe'
løfte	promise	Versprechen	promesa
lørdag	Saturday	Sonnaben	sábado
lå	lay	lag	pretérito de 'ligge'
låne	lend, borrow	(ver)leihen	prestar, tomar prestado
lås	lock	Schloß	cerradura
låse	lock	abschließen	cerrar con llave

M

mad	food	Essen	manjar, comida
maj	may	Mai	mayo
male	paint, grind	malen, mahlen	pintar, moler
maler	painter	Maler	pintor
malke	milk	melken	ordeñar
man	one, you ... (a man)	man	uno, una, la gente
mand	man	Mann	hombre, marido
mandag	Monday	Montag	lunes
mange	many	viele	muchos
mangle	lack	fehlen	faltar, carecer de
mark	field	Feld	campo, terreno
markled	gate	Tür	cancilla (de un campo)
marts	March	März	marzo
maske	mask	Maske	máscara, careta
maskine	machine, engine	Maschine	máquina
masse	lot	Menge	multitud
med	with	mit	con
meddele	inform	mitteilen	informar
meddelelse	information	Mitteilung	información, notica
medlem	member	Mitglied	miembro, socio
meget	much, very	viel, sehr	mucho, muy
mejeri	dairy	Molkerei	lechería, mantequería
mekaniker	mechanie	Mechaniker	mecánico

mel	flour	Mehl	harina
mellem	between, among	zwischen, unter	entre
men	but	aber	pero, sino
mene	think, mean	meinen	opinar
menneske	human being	Mensch	ser humano, hombre
mens	while, whereas	während	mientras (que)
menukort	menu	Menü	carta, lista
mere	more	mehr	más
mest	most	meist, am meisten	(el) más
metal	metal	Metall	metal
Meteorologisk Institut	Weather Bureau	Wetterdienst	Instituto Meteorológico
meter	metre	Meter	metro
mexikaner	Mexican	Mexikaner	(un) mejicano
middag	midday, noon, dinner	Mittag	mediodía, comida
middagsmad	dinner	Mittagessen	comida, cena
midnat	midnight	Mitternacht	medianoche
midte	middle	Mitte	medio, centro
mig	me	mich, mir	mí, me
mil	mile	Meile	legua
million	million	Million	millón
min	my, mine	mein	mi, mío
mindre	less, smaller	weniger, kleiner	más, pequeño, menor
mindst	least, smallest	wenigst, kleinst	(el) más pequeño, (el) menor
minut	minute	Minute	minuto
mod	towards, against	gegen, wider	hacia, contra
modalverber	modal verbs	Modalverben	verbos de modo
moderne	modern	modern	moderno
modsat	opposite	entgegengesetzt	contrario, opuesto
molbo	inhabitant of Mols	Einwohner von Mols	habitante de Mols
mon	"I wonder"	ob ... wohl, glaube ich	a ver (si)
mor	mother	Mutter	mamá, madre
morgen	morning	Morgen	mañana, madrugada
i morgen	tomorrow	morgen	mañana
morgenbrød	breakfast rolls	Brötchen	pan del desayuno
morgenmad	breakfast	Frühstück	desayuno
mormor	grandmother	Großmutter	abuela (materna)
motor	engine	Motor	motor
mund	mouth	Mund	boca
mur	wall	Mauer	muro
mursten	brick	Ziegelstein	ladrillo
mus	mouse	Maus	ratón
museum	museum	Museum	museo
mælk	milk	Milch	leche
mænd	men	Männer	hombres, maridos
mængdetal	cardinal number	Grundzahl	número cardinal
mærk	note	bemerken Sie	nótese
mærkelig	strange	merkwürdig	raro, extraño
mæt	satisfied	satt	harto, satisfecho
møbel	piece of furniture	Möbel	mueble
møde	meet	begegnen	encontrar

mølle	mill	Mühle	molino
møller	miller	Müller	molinero
mønt	coin	Münze	moneda
mørk	dark	dunkel	oscuro, moreno
må	may, must	darf, muß	presente de 'deber', 'poder'
måde	way, manner	Weise	modo, manera
mål	measure	Maß	medida, fin, meta
måltid	meal	Mahlzeit	comida
måned	month	Monat	mes
måtte	doormat	Matte	estera

N

nabo	neighbour	Nachbar	vecino
nakke	back of neck	Nacken	nuca, cuello
nar	fool	Narr	bufón
nat	night	Nacht	noche
natmad	late supper	Nachtessen	cena, cena fría
naturlig	natural	natürlich	natural
navn	name	Name	nombre
navneskilt	doorplate	Namenschild	placa
ned	down	nieder, herunder	abajo
nedadvendt	downwards	nach unten gekehrt	hacia abajo
fra neden	from below	von unten	desde abajo
nej	no	nein	no
nemlig	namely, certainly	nämlich, zwar	es que, a saber, así es
ni	nine	neun	nueve
niende	ninth	neunte	noveno
nikke	nod	nicken	cabecear
niogtredive	thirty-nine	neununddreißig	treinta y neuve
niogtyve	twenty-nine	neunundzwanzig	veintinueve
nitten	nineteen	neunzehn	diecinueve
nogen	some, any, somebody, anybody	jemand, einig-	alguien, alguno; (ikke –:) nadie, ninguno
noget	something, anything	etwas, einig-	algo, alguno; (ikke –:) nada, ninguno
nogle	some, any	einige	algunos
nok	enough, certainly, I suppose	genug	bastante, seguramente, supongo
nord	north	Norden	norte
nordmand	Norwegian	Norweger	(un) noruego
normal	normal	normal	normal
norsk	Norwegian	norwegisch	noruego
november	November	November	noviembre
nu	now	jetzt	ahora
nul	zero	Null	cero
nummer	number	Nummer	número
nylig	recent	kürzlich	hace poco
nytårsaften	New Year's Eve	Silvesterabend	Nochevieja
nytårsdag	New Year's Day	Neujahrstag	día de Año Nuevo
nytte	use, help	nützen	utilidad
gøre nytte	be useful	nützlich sein	ser útil

nær	near	nahe	cercano, cerca de
nærmest	nearest	nächst	(el) más cercano, (lo) más cerca, más bien
næse	nose	Nase	nariz
næsten	almost	fast	casi
nætter	nights	Nächte	noches
nævne	name, mention	erwähnen	mencionar
nævnefald	nominative + accusative	Nominativ	nominativo
nøgle	key	Schlüssel	llave
når	when	wenn	cuando

O

objekt	object	Objekt	complemento
objektiv	objective case	objektiv	caso del complemento
ofte	often	oft	a menudo
og	and	und	y
også	also	auch	también
og så videre	and so on	und so weiter	etcétera
oksekød	beef	Rindfleisch	carne vacuna (de vaca)
oktober	October	Oktober	octubre
olie	oil	Öl	aceite
om	in, if, around	ob, um	hacia allá; alrededor de; durante dentro de, por; de; si
omme	around, over	zu Ende	allá; terminado
omslag	change	Umschlag	cambio
omvendt ordstilling	inversion	Inversion	inversión
onsdag	Wednesday	Mittwoch	miércoles
op	up	auf	(hacia) arriba
opdage	discover	entdecken	descubrir
opfriskende	increasing, refreshing	auffrischend, zunehmend	creciente, refrescante
ophidset	excited	aufgeregt	agitado
opleve	see, experience	erleben	ver, experimentar
opvarme	heat	heizen	calentar
ord	word	Wort	palabra
ordenstal	ordinal number	Ordnungszahl	número ordinal
ordentlig	regular	ordentlich	regular
ordre	order, command	Befehl	orden, mandato
ordsprog	proverb	Sprichwort	refrán, proverbio
ordstilling	word-order	Wortstellung	orden de palabras
os	us	uns	nosotros, nos
ost	cheese	Käse	queso
otte	eight	acht	ocho
ottende	eighth	achte	octavo
otteogtyve	twenty-eight	achtundzwanzig	veintiocho
over	over	über	por, sobre, encima de; más de
overgang	change	Übergang, Übertritt	paso, cambio
overjord	top soil	Erdreich	suelo superficial

i overmorgen	the day after tomorrow	übermorgen	pasado mañana
overskyet	cloudy	bewölkt	nublado
overslag	estimate	Kostenanschlag	estima
ovre	past, gone, beyond	vorbei	allá; terminado

P

pakke	parcel	Paket	paquete
palmesøndag	Palm Sunday	Palmsonntag	domingo de Ramos
papir	paper	Papier	papel
parlament	parliament	Parlament	parlamento
passe	look after	besorgen	cuidar de
passiv	passive voice	Passiv	pasivo
pege	point	zeigen	señalar
penge	money	Geld	dinero
perfektum participium	perfect participle	Perfektum Participium	participio (perfecto)
perron	platform	Bahnsteig	andén
person	person	Person	persona
personlig	personal	persönlich	personal
pige	girl	Mädchen	chica
pinse	Whitsun	Pfingsten	Pentecostés
pinsedag	Whitsunday	Pfingsttag	domingo de Pentecostés
plads	place, spot, square	Platz	plaza, sitio, asiento, empleo
planlægge	plan	planen	planear
plante	plant	Pflanze	planta
pleje	nurse	pflegen	cuidar de, soler
plejer	male nurse	Wärter	enfermero
pluskvamperfektum	past perfect	plusquamperfektum	pluscuamperfecto
porto	postage	Postgebühr	porte
post	mail, post	Post	correo
postanvisning	money order	Postanweisung	giro postal
postbud	post, postman	Briefträger	cartero
posthus	post office	Postamt	(casa de) correos
postkasse	pillar box	Briefkasten	buzón
procent	per cent	Prozent	por ciento
pronomen	pronoun	Pronomen	pronombre
prop	cork	Pfropfen	corcho, tapón
projekt	project	Projekt	proyecto
prøve	try, test	versuchen	tratar de, probar
præposition	preposition	Präposition	preposición
præsens	present	Präsens	presente
præsens participium	present participle	Präsens Participium	gerundio (participio de presente)
præst	priest, minister	Priester	cura, pastor
præteritum	preterite	Präteritum	pretérito (perfecto o imperfecto)
publikum	public	Publikum	público
pumpe	pump	pumpen	bombear
pæn	nice	hübsch	bonito, respetable

pære	pear	Birne	pera, bombilla
på	on	auf, an, in	sobre, encima de, en, de, a
påske	Easter	Ostern	Semana Santa
påskedag	Easter Sunday	Ostertag	domingo de Resurrección

R

radio	radio	Rundfunk (empfänger)	radio
rask	well, healthy, quick	gesund, schnell	sano, ágil
rat	steering wheel	Lenkrad	(volante de) dirección
reciprok	reciprocal	reziprok	recíproco
redskab	tool	Gerät	utensilio, instrumento
refleksiv	reflexive	reflexiv	reflexivo
regel	rule	Regel	regla, norma
som regel	as a rule	in der Regel	normalmente
regn	rain	Regen	lluvia
regne	rain	regnen	llover
regne	calculate, do sums, regard as	rechnen	calcular, contar, considerar
regning	bill, arithmetic	Rechnung, Rechnen	cuenta, aritmética
rejse	trip, journey	Reise	viaje
rejse	travel, get up	reisen	viajar
relativ	relative	relativ	relativo
ren	clean	rein	limpio, puro
reol	bookcase	Bücherregal	estantería
repræsentant	representative	Vertreter	representante
rest	rest, remainder	Rest	resto
for resten	by the way	übrigens	además, bien mirado
restaurant	restaurant	Restaurant	restaurante
resultat	result	Ergebnis	resultado
retfærdig	just	gerecht	justo, imparcial
retning	direction	Richtung	dirección, rumbo
ribs	red currant	Johannisbeere	grosella
ridt	ride	Ritt	pasco a caballo
rig	rich	reich	rico
rigtig	right, correct, quite, very much, true	richtig, recht, ganz, echt	correcto, cierto, justo, verdadero
rigtignok	certainly, sure	freilich	ciertamente
rimelig	fair	passend	razonable
ring	ring	Ring	anillo
ringe	ring, phone; bad	rufen, schlecht	sonar; insignificante, malo
rod	root	Wurzel	raíz
roe	beet	Rübe	nabo, remolacha
romantisk	romantic	romantisch	romántico
rug	rye	Roggen	centeno
rugbrød	rye bread	Schwarzbrot	pan (negro) de centeno
rugmark	rye field	Roggenfeld	centenal
rum	room	Zimmer	local, cuarto,
rund	round	rund	redondo, en torno
russer	Russian	Russe	(un) ruso

ryg	back	Rücken	espalda
rækkefølge	order	Reihenfolge	orden, sucesión
rød	red	rot	rojo
rødgrød	fruit jelly	rote Grütze	especie de compota
røre	touch, stir	rühren	tocar, mover, agitar

S

sad	sat	saß	pretérito de 'sidde'
saft	juice	Saft	jugo, zumo
sag	case, matter	Sache	asunto, caso
sagde	said	sagte	pretérito de 'sige'
sagtens	easily	leicht	fácilmente
samme	same	derselbe usw.	mismo
sammen	together	zusammen	juntos
sammenligning	comparison	Vergleich	comparación
sammensat	compound	zusammengesetzt	compuesto
samtale	conversation	Gespräch	conversación
samvittighed	conscience	Gewissen	conciencia
sand	true	wahr	verdadero, cierto
sankthansaften	Midsummer's Eve	Johannisabend	víspera de San Juan
sankthansdag	Midsummer's Day	Johannistag	día de San Juan
save	saw	Sägen	serrar
se	see	sehen	ver, mirar
seddel	label, note	Zettel	billete, nota, papeleta
sejle	sail	segeln	navegar, ir en barco
seks	six	sechs	seis
seksogtyve	twenty-six	sechsundzwanzig	veintiseís
sekstal	the figure six	Sechs	el 6, la cifra 6
seksten	sixteen	sechzehn	dieciséis
sekund	second	Sekunde	segundo
sekundviser	second-hand	Sekundenzeiger	segundero
selv	–self, himself, herself etc.	selbst	mismo
sende	send	schicken	enviar, mandar
sende bud efter	send for	nach ... senden	enviar por
seng	bed	Bett	cama
sent	late	spät	tarde
september	September	September	septiembre
sidde	sit	sitzen	estar (sentado)
side	side, page	Seite	lado, página
siden	since	seit	desde, más tarde
for ... siden	ago	vor	hace ...
sidst	last	letzt	último, últimamente
sig	himself, herself, itself	sich	sí, se
sige	say	sagen	decir
sikker	sure	sicher	seguro
simpel	simple	einfach, schlicht	sencillo
sin, sit, sine	his, her, hers, its	sein, ihr usw.	su, suyo, de él, de ella
situation	situation	Lage	situación
sjette	sixth	sechste	sexto
sjælden	rare	selten	raro
sjældent	rarely	selten	raramente

skaffe	get, provide	verschaffen	procurar
skal	shall, must	wird, soll, muß	presente de 'deber', tener que
skal være	is said to be	soll …sein	tiene que ser
skat	tax	Steuer, Schatz	impuesto
ske	spoon	Löffel	cuchara
ske	happen	geschehen	suceder
skib	ship	Schiff	barco, nave
skifte	change	wechseln	cambiar
skilt	sign	Schild	letrero, rótulo
skinne	shine	scheinen	lucir, brillar
sko	shoe	Schuh	zapato
skole	school	Schule	escuela
skomager	shoemaker	Schuhmacher	zapatero
skov	wood	Wald	bosque, selva
skovl	shovel	Schaufel	pala
skrap	sharp	streng	mordaz
skrevet	written	geschrieben	participio de 'skrive'
skride	slip	rutschen	resbalar
skrift	writing	Schrift	escritura, escrito
skriftsprog	written language	Schriftsprache	lenguaje escrito
skrive	write	schreiben	escribir
skrive op	note, write down	aufschreiben	tomar nota de
skruenøgle	wrench	Schraubenschlüssel	llave inglesa
skubbe	push	stoßen	empujar
sky	cloud	Wolke	nube
skyld	debt	Schuld	culpa, causa
for hans skyld	for his sake	seinetwegen	por él, para él
skynde (sig)	hurry	eilen	apurar(se)
skyskraber	skyscraper	Wolkenkratzer	rascacielos
skønt	though	obwohl	aunque
skære	cut	schneiden	cortar
skærtorsdag	Maunday Thursday	Gründonnerstag	Jueves Santo
skål	bowl	Schüssel	fuente, brindis
slags	kind, sort	Art	especie, clase
slagter	butcher	Fleischer	carnicero
slem	bad	schlecht	malo, grave
slot	castle, palace	Schloß	castillo, palacio
slå	beat	schlagen	golpear, pegar, vencer
smile	smile	lächeln	sonreír
smuk	beautiful	schön	hermoso, guapo
smør	butter	Butter	mantequilla
små	little, small	kleine	pequeños
småpenge	coins, small change	Kleingeld	cambio, menudo
snakke	talk	sprechen	charlar
snart	soon	bald	pronto
snavs	dirt	Schmutz	suciedad, porquería
sne	snow	Schnee, schneien	nieve
snedker	joiner, cabinet maker	Tischler	carpintero
snøre	line	Schnur	sedal
sofa	sofa	Sofa	sofá
sol	sun	Sonne	sol
solbær	black currant	schwarze Johannisbeere	grosella negra

soldat	soldier	Soldat	soldado, militar
som	as, who, which, that	als, wie, der, das, die	como, que
som om	as if	als ob	como si
sommer	summer	Sommer	verano
sommerhus	week-end cottage	Sommerhaus	casa de campo
sommetider	sometimes	ab und zu	a veces
sort	black	schwarz	negro
sove	sleep	schlafen	dormir
soveværelse	bedroom	Schlafzimmer	dormitorio
spadsere	walk	spazieren	pasear (se)
spand	pail, bucket	Eimer	cubo
spansk	Spanish	spanisch	español
spejl	mirror	Spiegel	espejo
spille	play	spielen	tocar, jugar, actuar
spise	eat	essen	comer
spiselig	edible	eßbar, genießbar	comestible
spisestue	dining-room	Eßzimmer	comedor
sprog	language	Sprache	lengua, idioma
spørge	ask	fragen	preguntar
spørgsmål	question	Frage	pregunta
spå	foretell, forecast	weissagen	adivinar
stakkels	poor	arm	pobre
stald	stable	Stall	establo, cuadra
starte	start, begin	starten	empezar, arrancar
standse	stop	halten	parar (se)
station	station	Bahnhof	estación
stave	spell	buchstabieren	deletrear
stavelse	syllable	Silbe	sílaba
sted	place	Stelle	sitio, lugar
i stedet for	instead	statt	en lugar de
af sted	off, away	fort, von der Stelle	de aquí, fuera, adelante
sten	stone	Stein	piedra
stentag	tiled roof	Ziegeldach	tejado
stige	ladder	Leiter	escala
stikke	stick	stechen	picar; (– i:) meter en
stjerne	star	Stern	estrella
stockholmer	man from S.	Stockholmer	habitante de Estocolmo, estocolmés
stod	stood	stand	pretérito de 'stå'
stof	material	Stoff	materia, tela
stol	chair	Stuhl	silla
stop	stop	Aufenthalt	alto
stor	big, large	groß	grande
store bededag	Danish public holiday	Buß – und Bettag	día festivo danés
stork	stork	Storch	cigüeña
strand	beach	Strand	playa
strømpe	stocking	Strumpf	media, calcetín
strå	straw	Halm, Stroh	paja
stue	room	Wohnzimmer	habitación, cuarto
stykke	piece	Stück	pieza, trozo
stærk	strong	stark	fuerte
stød	glottal stop	Stoßton	golpe glotal

støj	noise	Geräusch	ruido
større	bigger	größer	más grande, mayor
størst	biggest	größt	(el) más grande, (el) mayor
stå	stand	stehen	estar (de pie)
subjekt	subject	Subjekt	sujeto
substantiv	substantive, noun	Substantiv	sustantivo
sukker	sugar	Zucker	azúcar
sund	sound	gesund	sano
superlativ	superlative	Superlativ	superlativo
supermarked	supermarket	Supermarkt	supermercado
svag	weak	schwach	débil
svar	answer	Antwort	respuesta
svare	answer	antworten	contestar, responder
svensk	Swedish	schwedisch	sueco
svensker	Swede	Schwede	(un) sueco
svin	pig	Schwein	cerdo
svinekød	pork	Schweinefleisch	carne de cerdo
syd	south	Süd	sur
syg	ill, sick	krank	enfermo
sygdom	disease, illness	Krankheit	enfermedad
sygeplejerske	nurse	Krankenschwester	enfermera
synd	pity	Schade	lástima, pecado
til syne	in sight	zum Vorschein	a la vista
synes	think, seem	Scheinen, finden	parecer (le a uno)
sytten	seventeen	siebzehn	diecisiete
syv	seven	sieben	siete
syvende	seventh	siebte	séptimo
syvogtyve	twenty-seven	siebenundzwanzig	veintisiete
sæbe	soap	Seife	jabón
sæbebobler	soap bubbles	Seifenblasen	pompas de jabón
sæk	sack, bag	Sack	saco, costal
sælge	sell	verkaufen	vender
sælger	seller	Verkäufer	vendedor, comerciante
særlig	very, particularly	besonder	especial
sætning	sentence	Satz	oración, frase
sætte	set, put	setzen	poner, sentar
sød	sweet	süß	dulce, lindo
sølv	silver	Silber	plata
søn	son	Sohn	hijo
søndag	Sunday	Sonntag	domingo
søskende	sisters and brothers	Geschwister	hermanos
søster	sister	Schwester	hermana
søvnig	sleepy	Schläfrig	soñoliento, con sueño
så	then, so	dann, so	tan(to), tal, de modo que, entonces
sådan	such, thus	so, solcher	tal, así
således	thus	so	así

T

tabe	lose	verlieren	perder

tag	roof	Dach	tejado, techo
tage	take	nehmen	tomar
tak	thank you	danke	gracias
tal	number, figure	Zahl	número, cifra
tale	speak	sprechen	hablar
talende	speaker	redende Person	interlocutor
talerstol	pulpit, chair	Rednerpult	tribuna
tallerken	plate	Teller	plato
talord	numeral	Zahlwort	numeral
tand	tooth	Zahn	diente
tandløs	toothless	zahnlos	desdentado, sin dientes
tang	tongs	Zange	tenazas
tankstation	filling-station	Tankstelle	surtidor de gasolina
tanke	thought	Gedanke	pensamiento, idea
taske	bag	Tasche	bolso
tavs	silent	schweigend	callado, silencioso
taxa	taxi	Taxi	taxi
te	tea	Tee	té
teater	theatre	Theater	teatro
teaterstykke	play	Theaterstück	obra de teatro
tegne	draw	zeichnen	dibujar, diseñar
tegneserie	comic strip	Bildstreifen	tebeo
telefon	telephone	Fernsprecher	teléfono
telefonboks	call-box, telephone booth	Fernsprechzelle	teléfono público
telefonnummer	telephone number	Fernsprechnummer	número de teléfono
temperatur	temperature	Temperatur	temperatura
terning	die	Würfel	dado, cubo
teske	teaspoon	Tee-löffel	cucharilla
ti	ten	zehn	diez
tid	time	Zeit	tiempo, hora
tidlig	early	früh	temprano
tiende	tenth	zehnte	décimo
tier	tenner	Zehner	billete de 10 coronas
til	till, to	nach, zu, für, bis	a, hacia, hasta
tilbage	back	zurück	atrás de vuelta; (blive –:) quedar
tillykke	many happy returns	zum Geburtstag gratulieren	enhorabuena
tilstand	state	Zustand	estado
tiltale	please	gefallen	gustar, dirigirse a
time	hour	Stunde	hora
ting	thing	Ding	cosa
tirsdag	Tuesday	Dienstag	martes
tit	often	oft	a menudo
tiøre	10 øre	Zehnörestück	moneda de 10 'øre'
tjans	chance	Gelegenheit	oportunidad
tjene	earn, serve	dienen	ganar, servir
tjener	servant, waiter	Diener, Kellner	camarero, criado
tjeneste	service	Dienst	servicio, favor
tjenestefolk	servants	Dienstboten	criados, servidumbre
tjenestepige	maid servant	Dienstmädchen	criada

to	two	zwei	dos
tog	train	Zug	tren
told	duty, customs	Zoll	aduana, derechos de aduana
tolerant	tolerant	tolerant	tolerante
tolv	twelve	Zwölf	doce
tolvte	twelfth	zwölfte	duodécimo
tom	empty	leer	vacio
toogtyve	twenty-two	zweiundzwanzig	veintidos
top	top	Gipfel	cumbre, cima, pico
torsdag	Thursday	Donnerstag	jueves
tosset	crazy	dumm	tonto
total	the figure two	Zwei	la cifra 2, el 2
traktor	tractor	Traktor	tractor
trappesten	doorstep	Treppenstein	umbral
tre	three	drei	tres
tredive	thirty	dreißig	treinta
tredivte	thirtieth	dreißigste	trigésimo
tredje	third	dritte	tercero
treogtyve	twenty-three	dreiundzwanzig	veintitres
tres	sixty	sechzig	sesenta
tretten	thirteen	dreizehn	trece
trillebør	wheelbarrow	Schubkarren	carretilla
tro	believe	glauben	creer
trykstærk	stressed	betont	acentuado
tryksvag	unstressed	unbetont	átono
træ	tree	Baum	árbol, madera, leña
træde	tread, step	treten	pisar; (– ud:) salir
trække	pull	ziehen	tirar
trådt	trodden, stepped	getreten	perfecto de 'træde'
tunge	tongue	Zunge	lengua
tur	trip, turn, tour	Fahrt, daran	paseo, vuelta, excursión
turde	dare	wagen	atreverse a, osar
tusinde	thousand	tausend	mil, millar
tusindedel	thousandth part	Tausendstel	milésimo
tværs	across	quer	través
på tværs	across	in die Quere	de través, a través
tyk	thick	dick	gordo, grueso, espeso
tynd	thin	dünn	delgado, claro
tysk	German	deutsch	alemán
tysker	German	Deutscher	(un) alemán
tyve	twenty	zwanzig	veinte
tæer	toes	Zehen	dedos del pie
tælle	count	zählen	contar
tænder	teeth	Zähne	dientes
tændrør	sparking plug	Zündkerze	bujía
tænke	think	denken	pensar
tøj	clothes	Kleider	ropa, vestidos
tå	toe	Zehe	dedo del pie
tåge	fog, mist	Nebel	niebla

U

ubestemt	indefinite	indefinit, unbestimmt	indeterminado
ud	out	aus, heraus	fuera
uden	without	ohne	sin
udenfor	outside	außerhalb	(por) fuera (de)
udenom	around	um ... herum	alrededor (de), en torno (de)
være ude om det	be asking for it	selbst verschulden	ser culpable de
udlånt	lent	verliehen	prestado
udrikkelig	undrinkable	ungenießbar	no potable
udsagn	what is said	Aussage	afirmación
udtrykke	express	ausdrücken	expresar
uge	week	Woche	semana
ugidelig	lazy	faul	indolente, vago
uhyggelig	eerie	unheimlich	inhóspito, lúgubre, espeluznante
ulige	odd	ungleich	impar, desigual
ulykke	disaster, misfortune	Unglück	desgracia, accidente, catástrofe
under	under	unter	bajo, debajo de
undervise	teach	unterrichten	enseñar, dar clase
undgå	avoid	entgehen, meiden	evitar
undvære	do without	entbehren	prescindir de
ur	watch, clock	Uhr	reloj
urskive	dial	Zifferblatt	esfera (del reloj)
urigtig	untrue	falsch	incorrecto, falso
ustadigt	unstable	unstet	variable, inestable
uvenlig	unkind, unfriendly	unfreundlich	hostil, brusco

V

vals	waltz	Walzer	vals
vane	habit	Gewohnheit	costumbre
vanskelig	difficult	schwierig	difícil
var	was, were	war	pretérito de 'være'
varer	articles, goods	Waren	mercancía, géneros, productos
varm	warm, hot	warm	caliente
varme	heat, warmth	Wärme	calor
vase	vase	Vase	vaso
vaske	wash	waschen	lavar
ved	at, by	bei, an, durch, um	a, de, en, por, al lado de
ved	know(s)	weiß	presente de 'saber'
alle vegne	everywhere	überall	en todas partes
vej	road, way	Weg	camino, carretera
vejr	weather	Wetter	tiempo
vejrudsigt	forecast	Wetterbericht	pronóstico meteorológico
vejskilt	roadsign	Verkehrsschild	letrero, señal
vel	well; I suppose	wohl	bien, ¿verdad?, supongo

velbekomme	"I hope you have all had a good meal"	Mahlzeit!	¡que aproveche!
velkommen	welcome	willkommen	¡bien venido!
ven	friend	Freund	amigo
vende	turn	wenden	volver, dar a
veninde	girl friend	Freundin	amiga
venlig	kind, friendly	freundlich	amistoso, amable
venstre	left	link	izquierdo
vente	wait	warten	esperar
verbum	verb	Verb	verbo
vers	verse, poem	Vers, Strophe	verso, poesía
vest	west	Westen, Westlich	oeste
vi	we	wir	nosotros
videre	on (and on)	weiter	más allá; (og så –:) etc.
wienerbrød	Danish pastry	Kopenhagener Gebäk	especie de pastel
vigtig	important, proud, conceited	wichtig	presumido, importante, esencial
viking	Viking	Wiking	vikingo
vil	will	will	presente de 'querer', 'ir a'
vin	wine	Wein	vino
vind	wind	Wind	viento
vindue	window	Fenster	ventana
vinge	wing	Flügel	ala
vinke	wave (one's hand)	winken	gesticular, saludar
vinter	winter	Winter	invierno
vis	wise, certain	sicher, gewiß	sabio, cierto
vise	show	zeigen	mostrar
vise sig	prove to be	sich herausstellen	resultar
viser	hand of clock	Zeiger	manecilla
vittighed	joke	Witz	chiste
vogn	carriage, car	Wagen	coche, carro
vokal	vowel	Vokal	vocal
voksen	grown-up	erwachsen	adulto
vold	rampart	Wall	valla
vores	our, ours	unser	nuestro
vred	angry	böse	enfadado
vrøvl	nonsense	Unsinn	disparate
vægt	weight	Gewicht	peso
væk	off, away	weg, fort	desaparecido, ausente
vældig	huge	gewaltig	enorme
vælge	choose	wählen	elegir, escoger
være	be	sein	ser, estar; hacer (tiempo); tener (... años)
værelse	room	Zimmer	habitación, cuarto
været	been	gewesen	participio de 'være'
værft	shipyard	Werft	astillero
værk	work	Werk	obra
værksted	workshop	Werkstatt	taller
værre	worse	schlimmer	peor
værst	worst	schlimmst	(el) peor

værsgo	"here you are"	bitte!	¡tome Vd!
våd	wet	naß	mojado, húmedo
vågne	awake	erwachen	despertar(se)

Y

yndig	lovely, sweet	reizend	lindo

Æ

æble	apple	Apfel	manzana
æbletræ	apple-tree	Apfelbaum	manzano
æde	eat	fressen	comer, zampar
ægte	genuine	echt	genuino, verdadero
ældre	older, elder, elderly	älter	más viejo, mayor
ældst	oldest, eldest	ältest	(el) más viejo, (el) mayor
ænder	ducks	Enten	patos

Ø

ø	island	Insel	isla
øje	eye	Auge	ojo
øl	beer	Bier	cerveza
ønske	wish, want	wünschen	desear
øre	ear	Ohr	céntimo, oreja
øst	east	Osten, östlich	este
øvelse	exercise	Übung	ejercicio

Å

å	stream, river	Bach	ría (pequeño)
åben	open	offen	abierto
år	year	Jahr	año
årsag	cause	Ursache	causa, motivo
årstid	season	Jahreszeit	estación, temporada